DULCES VEGANOS

250 Recetas Veganas Dulces. Con Explicación Paso a Paso y Secretos de Cocina Imperdibles

EMMA PRICE

ÍNDICE DE CONTENIDOS

FUNDAMENTOS CASEROS

LECHE DE ALMENDRAS

RENDIMIENTO: 6 CUPS

Hay muchas leches no lácteas para elegir, pero la leche de almendras es fácil de hacer. Aunque hay muchas opciones envasadas, es realmente fácil hacerla uno mismo, y la ventaja es que no hay aditivos ni ingredientes adicionales, además de que el sabor es mucho más rico que la comprada en la tienda.

2 tazas de almendras crudas

6 tazas de agua

- Licuar las almendras y el agua en una batidora de alta velocidad durante unos 7 minutos, o hasta que estén bien mezcladas en un líquido espeso. Colar a través de una gasa. Se conserva en la nevera de 3 a 5 días.

Puede desechar la pulpa de almendra o utilizarla para reemplazar la harina o para obtener una dosis de proteínas en sus batidos matutinos. Para reemplazar la harina: Precaliente el horno a 375°F. Extiende una capa fina y uniforme de pulpa de almendra en una bandeja de horno sin engrasar y hornea de 10 a 12 minutos, o hasta que esté ligeramente tostada. Para secar usando un deshidratador, extienda la pulpa en una hoja de deshidratador en una capa fina y uniforme y deshidrate a 130°F, durante 5 horas, o hasta que esté completamente seco.

SÍMBOLO SIMPLE

RENDIMIENTO: 1¼ CUPS

Puede que sólo sea azúcar y agua, pero tener un bote de sirope simple a mano te permitirá preparar cócteles, cócteles falsos, bebidas de café y mucho más sin esfuerzo. Dura indefinidamente si se guarda en la nevera. Si empieza a cristalizar, simplemente caliéntelo de nuevo en el fuego hasta que se disuelva de nuevo.

1 taza de azúcar

½ taza de agua

- A fuego medio, en una cacerola pequeña, calentar los ingredientes hasta que el azúcar se haya disuelto por completo y la mezcla pase de turbia a casi transparente. Retirar del fuego antes de que llegue a hervir. Deje que se enfríe por completo. Utilizar según sea necesario en las recetas que requieran jarabe simple. Guárdelo en un recipiente hermético en el frigorífico durante un máximo de 4 semanas.

FECHA SÍMBOLO

RENDIMIENTO: 1½ CUPS

Es un fantástico edulcorante sin azúcar refinado que puede utilizarse en lugar del azúcar o el agave en muchas recetas. Tenga un frasco de esto alrededor para añadir a los batidos o al yogur natural no lácteo por las mañanas.

20 dátiles Medjool

Agua para remojar

1⅓ tazas de **agua** adicional

- Colocar los dátiles en un bol mediano. Cúbralos con agua y cúbralos con un plato de ensalada. Déjelos en remojo durante 8 horas, escúrralos y vuelva a ponerlos en agua, y luego deje los dátiles en remojo de 4 a 6 horas más.
- Escurrir completamente los dátiles y quitarles las semillas y la parte superior. Póngalos en una batidora junto con 1⅓ de agua y bátalos hasta que queden extremadamente suaves, raspando a menudo los lados.
- Guárdelo en un recipiente hermético en la nevera hasta 1 mes.

LA MEJOR MANTEQUILLA DE NUECES

RENDIMIENTO: 3 CUPS

Los cacahuetes son la estrella del espectáculo a continuación, pero este método funciona bien con otros frutos secos tostados, lo que resulta útil con una alergia a los cacahuetes. Pruebe con almendras tostadas o crudas, anacardos o semillas de girasol. Aunque las mantequillas de frutos secos están ampliamente disponibles en casi todas las tiendas de comestibles de los Estados Unidos, creo que la hecha en casa es mucho más sabrosa, y es mucho más barata. Además, ¡es fácil! Tan fácil que te preguntarás por qué no lo has hecho antes.

3 tazas de cacahuetes secos tostados, sin sal (o frutos secos o semillas de su elección)

1 cucharadita de sal, o al gusto

1 cucharadita de extracto de vainilla

- Poner los cacahuetes en un procesador de alimentos y batir hasta que estén muy suaves, unos 7 minutos, raspando los lados del bol según sea necesario. Añadir la sal y el extracto de vainilla y mezclar bien. Guárdelo en un recipiente hermético hasta 3 meses.

VINAGRE DE SIDRA DE MANZANA

RENDIMIENTO: 2 GALONES

El vinagre de sidra de manzana es una de esas cosas que es mucho mejor si se hace en casa y puede ser mucho más barato que si se compra en la tienda. Todo lo que se necesita son algunas manzanas y mucha paciencia (como 2 meses), pero el resultado final merece la pena. Y no tengas miedo de la "madre" gelatinosa o de las "levaduras" que flotan en el frasco... ¡eso es lo que hace que el vinagre sea bueno! Necesitarás un tarro de cristal de 2 galones o un recipiente de boca ancha, así como un trozo de estopilla de unos 16 × 16 pulgadas y una goma elástica.

10 manzanas, cortadas en trozos grandes: semillas, tallos y todo

¼ de taza de azúcar

Agua

• Coloca las manzanas en el tarro grande, empujando suavemente hacia abajo con un cucharón para que las manzanas queden dentro. También se puede utilizar un platillo limpio o un plato pequeño para hacer presión sobre las manzanas dentro del recipiente. A continuación, añade el azúcar y cubre las manzanas con agua para que queden completamente sumergidas. Cúbrelas con la estopilla y sujétalas con una goma elástica. De este modo se evita que entren los bichos, pero se permite que el aire ayude al proceso. Coloca el tarro con cuidado en un lugar fresco y oscuro durante 1 semana.

• Cuele las manzanas del vinagre y vuelva a colocar la estopilla. En este punto puedes pasarlas a otro recipiente, o a varios. Asegúrese de que los recipientes estén totalmente limpios. Vuelve a tapar con una estopilla y una goma elástica y vuelve a colocarlo en un lugar fresco y oscuro durante 6 u 8 semanas más. Y ya está. Tienes el mejor vinagre que el dinero no puede comprar. Puedes embotellarlo y guardarlo como lo harías con cualquier botella de vinagre. Guárdelo en un recipiente hermético de 6 meses a 1 año o más.

Para esterilizar los recipientes, un buen lavado con agua jabonosa muy caliente, un aclarado caliente y, preferiblemente, una pasada por el lavavajillas -con ciclo de secado- funciona perfectamente.

EXTRACTO DE VAINILLA

RENDIMIENTO: 5 CUPS

Aunque el extracto de vainilla es bastante fácil de conseguir, el que se hace en casa tiene un sabor superior y dura prácticamente toda la vida. A mí me gusta hacer un lote grande de una vez y embotellarlo para regalarlo a los amigos. Los frascos de extracto de vainilla oscuros funcionan bien para guardarlos. Basta con borrar las etiquetas y sustituirlas por otras nuevas.

5 tazas de bourbon (el vodka también funciona bien)

12 vainas de vainilla, partidas

- Vierta 5 tazas de bourbon en un frasco o botella limpia. Introduce las vainas de vainilla en la botella de bourbon y vuelve a cerrarla bien. Colócalo en un lugar fresco y oscuro, como una despensa, y guárdalo durante 3 meses. Después de tres meses, puedes utilizarlo directamente de la botella o embotellarlo individualmente, dejando al menos una vaina de vainilla en cada botella. A medida que la botella se vaya vaciando, sustitúyala por más bourbon. Después de un año, sustituya las vainas de vainilla por otras nuevas. Guárdelo en un recipiente hermético.

DATO DULCE

Las vainas de vainilla son la segunda especia más cara, después del azafrán, porque su cultivo y recolección requieren un trabajo increíblemente intenso.

CREMA DULCE DE ANACARDOS

RENDIMIENTO: 5 CUPS

Esta receta es un fantástico sustituto de los quesos cremosos de base láctea, de la nata montada, etc. Guárdela en un recipiente hermético en el frigorífico durante un máximo de 2 semanas. La crema de anacardos también puede congelarse y descongelarse para su uso posterior, sin que ello afecte al sabor o al color. Sólo tiene que descongelar en la nevera durante la noche antes de usarla.

4 tazas de anacardos crudos

1 taza de agua

1 cucharadita de extracto de vainilla

3 cucharadas de jarabe de arce o agave

⅛ cucharadita de sal

- Antes de prepararlos, ponga los anacardos en un bol grande y cúbralos con 2,5 cm de agua. Déjelos en remojo de 2 a 4 horas y luego enjuáguelos bien. Ponga los anacardos en un procesador de alimentos junto con el agua, el extracto de vainilla, el jarabe de arce y la sal. Mezcle hasta que quede suave, raspando los lados cuando sea necesario.
- Seguir batiendo, unos 7 minutos, hasta que esté muy suave y cremosa. Utilizar como cobertura de una variedad de golosinas como lo haría con la nata montada, o como se indica en las recetas. Guárdelo en un recipiente hermético en el frigorífico hasta 1 semana.

MASCARPONE

RENDIMIENTO: 1 TAZA

El verdadero mascarpone es un queso cremoso ligero a base de lácteos que tiene un sabor ligeramente dulce. En esta versión, he utilizado anacardos en lugar de lácteos. Siéntase libre de utilizar su propia margarina casera o aceite de coco en este mascarpone. Esta pasta para untar se puede mezclar con sus postres favoritos para obtener una dosis extra de cremosidad, o intercalar entre capas de pastel para obtener un relleno extraordinario, como el Tiramisú.

1 taza de anacardos crudos

2 cucharadas de margarina no láctea o aceite de coco (añadir ¼ de cucharadita de sal si se utiliza aceite de coco)

1 cucharada de leche no láctea

1 cucharada de azúcar glasé

- Poner los anacardos en un bol y cubrirlos con 3 tazas de agua; dejarlos en remojo durante 6 horas. Escurrir los anacardos y enjuagarlos bien. Colocar los anacardos remojados en un procesador de alimentos y batir hasta que estén pastosos, unos 2 minutos, raspando a menudo los lados. Añadir la margarina, la leche no láctea y el azúcar glas y batir otros 5 minutos, de nuevo, raspando los lados a menudo, hasta que se haga una mezcla esponjosa. Guardar en un recipiente hermético en el frigorífico hasta 5 días.

CREMA DE COCO AZUCARADA

RENDIMIENTO: 1 TAZA

Esta nata montada no puede ser más fácil. Guarda unas cuantas latas de leche de coco en el frigorífico para estar listo cuando necesites nata montada. Además, utiliza la leche de coco de mejor calidad que puedas, y asegúrate de que sea entera; con esta receta, la calidad cuenta.

1 lata (13,5 onzas) de leche de coco entera (es mejor la orgánica)

1 cucharada de azúcar glas, o 1 cucharadita de stevia en polvo

- Antes de intentar batir la nata de coco, coloca la lata de leche de coco en el frigorífico y enfríala toda la noche. Dale la vuelta a la lata y ábrela. Escurra todo el líquido de la lata (utilícelo en batidos o recetas que requieran leche no láctea) hasta que sólo le quede la crema blanca y espesa de la lata. Poner la nata y el azúcar glas en un bol resistente y, con el accesorio de la batidora, batir hasta que quede esponjoso. Utilizar inmediatamente.

Capítulo 2

TARTAS ASESINAS Y COBERTURAS

Las tartas son probablemente los alimentos más emblemáticos de las celebraciones, ya que son el centro de atención por excelencia en los cumpleaños y las bodas, pero a mí también me gusta hornearlas "porque sí" de vez en cuando. En las siguientes páginas, encontrará todo lo que necesita para hacer la tarta perfecta, ya sea para una pequeña boda o para un simple brunch de domingo.

FUNDAMENTOS DE LA TARTA

PREPARACIÓN Y GLASEADO DE UNA TARTA DE CAPAS

Hacer que las capas sean uniformes

¿Alguna vez has hecho un pastel y, una vez decorado, te has dado cuenta de que es un poco más "redondo" de lo que habías previsto? Estoy aquí para decirte que no eres tú, ¡es la naturaleza del pastel! A menos que las tartas estén niveladas, si intentas apilarlas, acabarás con un montón de tarta bastante desigual que se inclina por los lados, lo cual, aunque sabroso, no es lo más atractivo desde el punto de vista estético. Las bandas para hornear son muy útiles, y las recomiendo absolutamente si se trata de abordar proyectos grandes, como los pasteles de varias capas.

Para hacer capas perfectamente uniformes, asegúrese de dividir la masa de manera uniforme entre los moldes. Utiliza bandas para hornear (empapadas en agua y luego exprimidas) para aumentar las probabilidades de una cocción uniforme. Una vez horneados los pasteles, déjelos enfriar en los moldes durante unos 30 minutos. Una vez que se hayan enfriado un poco, deslice suavemente un cuchillo alrededor de los bordes del molde para soltarlos y, una vez que los pasteles se hayan enfriado por completo, invierta cada uno de ellos una vez en un plato y vuelva a colocarlo de forma que la parte superior del pastel quede hacia arriba. Básicamente, estás volteando ambos pasteles fuera de los moldes y asegurándote de que la parte inferior está en el fondo y la parte superior en la parte superior.

Utiliza un cuchillo de sierra largo para cortar sólo la parte superior de la tarta, de modo que ambas rondas de tarta queden muy niveladas. Utiliza el exceso de pastel para hacer migas... ¡o simplemente cómetelo! Ahora tu pastel está listo para ser decorado.

CAPA DE CRUMBLE

El escenario: Has hecho una tarta fabulosa y un glaseado perfectamente complementario, y estás muy emocionado por enseñársela a tu familia y/o amigos. Pero, una vez escarchado, te quedas desolado al ver que has salpicado todo el pastel de migas de pastel en lugar de una capa de glaseado suave y sedosa. Este es un problema común, amigo, y tiene remedio. La capa de migas al rescate!

Para una capa de miga fácil

Utiliza una pequeña porción de tu glaseado para crear una fina capa de glaseado -cubre cada capa sin preocuparte por mantener las migas fuera del glaseado; ¡para eso está este paso! Haz migas.

Ahora, coloque una de las capas en un plato de tarta firme o en un plato de glaseado.

Asegúrese de cubrir cada capa generosamente con glaseado y presione suavemente para fijar el relleno entre los pasteles. Repita la operación con tantas capas como tenga. Congele el pastel brevemente, unos 15 minutos, o hasta que el glaseado se haya endurecido totalmente.

Ahora está listo para la capa final de glaseado. Vuelve a escarchar toda la tarta con una capa gruesa de glaseado y adórnala con cualquier tipo de tubería que se te ocurra.

TARTAS DE CAPAS Y LÁMINAS

PASTEL DE COMIDA DEL DIABLO

RENDIMIENTO: UN PASTEL DE 9 × 13 PULGADAS O 12 MAGDALENAS

Una receta clásica para fiestas de cumpleaños y otras celebraciones, esta versión es lo más parecido a lo auténtico, en cuanto a sabor y textura, que se puede conseguir. El ingrediente sorpresa es el tahini, la pasta de semillas de sésamo que se utiliza habitualmente en platos salados como el hummus.

1¼ tazas de harina de sorgo

¾ de taza de cacao extra oscuro en polvo

½ taza de fécula de patata

¼ de taza de harina de trigo sarraceno

¼ de taza de harina de arroz blanco dulce

2 cucharaditas de goma xantana

2 cucharaditas de bicarbonato de sodio

1 cucharadita de polvo de hornear

¼ de cucharadita de sal

½ taza de aceite de oliva

1½ tazas de azúcar

2 cucharadas de tahini

1 taza de café extrafuerte, frío

1 taza de leche de coco

2 cucharadas de vinagre de sidra de manzana

- Precaliente el horno a 350°F y engrase y enharine ligeramente un molde para pasteles de 9 × 13 pulgadas o forre 12 moldes para cupcakes con forros de papel.
- En un bol mediano, combinar la harina de sorgo, el cacao en polvo, la

fécula de patata, la harina de trigo sarraceno, la harina de arroz blanco dulce, la goma xantana, el bicarbonato de sodio, la levadura en polvo y la sal. Bata bien para asegurarse de que todo esté completamente combinado.

• En un bol grande, combinar el aceite de oliva, el azúcar y el tahini. Añadir un tercio de la mezcla de harina y remover hasta que esté bien combinada. Añada el café y la leche de coco y el resto de la mezcla de harina poco a poco hasta que todo se haya incorporado. Añadir el vinagre hasta que la masa esté suave y esponjosa.

• Extienda la masa del pastel en un molde preparado, o deje caer aproximadamente ½ taza de masa en cada molde para magdalenas. Hornee durante 27 a 30 minutos para el pastel o las magdalenas, o hasta que al insertar un cuchillo en el centro del pastel éste salga limpio. Deje que se enfríe por completo antes de ponerle el glaseado. Guárdelo tapado hasta 3 días.

PASTEL DE CHOCOLATE ALEMÁN

RINDE: 1 TARTA

El nombre "German Chocolate Cake" es en realidad una corrupción de "German's Chocolate Cake"... es decir, la barra de chocolate "German's" que recibió el nombre de su creador, el empleado de Baker's Chocolate Company Sam German. En algún momento, este postre pasó a conocerse como German Chocolate Cake, aunque es bastante americano. Lo llames como lo llames, es tierno y de color más claro que el pastel de chocolate tradicional; esta receta utiliza trozos de chocolate en lugar de cacao en polvo para darle ese sabor a chocolate. También se puede hornear como magdalenas, sólo hay que reducir el tiempo de horneado a 25 minutos, o hasta que un cuchillo insertado en el centro salga limpio. Cubra con el glaseado recomendado.

¾ de taza de trozos o chips de chocolate no lácteos

¾ de taza de agua, más 4 cucharadas de agua

2 cucharadas de harina de linaza

1 ¼ tazas de harina de arroz integral

½ taza de harina de teff

2 cucharaditas de goma xantana

1 taza de fécula de patata

¼ de taza de harina de tapioca

1 cucharadita de polvo de hornear

1 cucharadita de bicarbonato de sodio

¾ de cucharadita de sal

1 taza de margarina no láctea

1 ¾ tazas de azúcar

1 cucharadita de extracto de vainilla

½ taza de leche no láctea

2 cucharadas de vinagre de sidra de manzana

- Precaliente el horno a 350°F. Engrasa ligeramente y espolvorea con cacao en polvo dos moldes redondos de 9 pulgadas.

- En una cacerola pequeña a fuego medio-bajo, calentar el chocolate y ¾ de taza de agua hasta que el chocolate se derrita, removiendo a menudo. Retirar del fuego y reservar.

- En un tazón pequeño, combine la harina de linaza y 4 cucharadas de agua y deje reposar durante 5 minutos, hasta que se gelifique.

- En un bol grande, tamizar la harina de arroz integral, la harina de teff, la goma xantana, la fécula de patata, la harina de tapioca, la levadura en polvo, el bicarbonato de sodio y la sal.

- Añadir la margarina, el azúcar, el extracto de vainilla y la leche no láctea a la mezcla de chocolate y remover bien para combinar. Incorporar a la mezcla de harina junto con la harina de linaza preparada. Remover bien, al menos cincuenta golpes o 1 minuto, y luego añadir el vinagre.

- Divida la masa del pastel de manera uniforme entre los dos moldes y hornee durante 25 a 30 minutos, o hasta que al insertar un cuchillo en el centro éste salga limpio.

- Deje que se enfríe completamente, invierta el molde y cubra cada capa con glaseado de chocolate alemán. Guárdelo tapado hasta 3 días.

TARTA DE MARBELLA

RENDIMIENTO: 10 RACIONES

En mi opinión, este magnífico pastel no necesita glaseado, ya que ofrece mucha dulzura por sí solo. Además, si se sirve sin adornos es la mejor manera de mostrar sus llamativos remolinos.

¾ de taza de harina de arroz blanco

½ taza de harina de arroz integral

¾ de taza de harina de besan/garbanzos

1 taza de fécula de patata

1½ cucharaditas de goma xantana

2½ cucharaditas de polvo de hornear

1 cucharadita de bicarbonato de sodio

1 taza de azúcar

1 cucharadita de sal

¾ de taza de aceite de oliva

2 tazas de agua muy fría

2 cucharadas de zumo de limón

¼ de taza de cacao en polvo

- Precaliente el horno a 350°F. Engrasar ligeramente un molde para pasteles de 8 × 8 pulgadas. En un bol grande, bata las harinas de arroz, el besan, la fécula de patata, la goma xantana, la levadura en polvo, el bicarbonato, el azúcar y la sal. Añadir el aceite de oliva, el agua y el zumo de limón y remover bien para conseguir una masa muy suave.
- Vierta un tercio de la masa en un cuenco y bata el cacao en polvo hasta que se mezcle de manera uniforme. Extienda la masa de la tarta amarilla en el molde preparado y, a continuación, deje caer cucharadas de la masa de chocolate sobre la amarilla. Utilice un cuchillo de mantequilla para mezclar suavemente las dos masas en un patrón suelto y uniforme.

- Hornea el pastel de 35 a 40 minutos, o hasta que al insertar un cuchillo en el centro éste salga limpio. Dejar enfriar antes de cortar con un cuchillo de sierra. Guárdelo tapado hasta 3 días.

Al marmolear la masa, asegúrese de recorrer todo el ancho de la tarta para conseguir el mayor abigarramiento de contraste entre los remolinos amarillos y los de chocolate. Y no exageres. Un poco de remolino da para mucho, y un exceso enturbiará el dibujo.

PASTEL DE PIÑA Y CEREZA AL REVÉS

RENDIMIENTO: 8 RACIONES

Esta tarta es una de las favoritas de muchos. ional de cumpleaños. Definitivamente aumenta el atractivo que el pastel haga su propio glaseado!

⅔ taza de margarina fría no láctea

¾ de taza de azúcar

1 cucharadita de extracto de vainilla

⅓ taza de harina de tapioca

½ cucharadita de sal marina

1 cucharadita de goma xantana

3 cucharaditas de polvo de hornear

¼ de taza de agave

2 tazas de harina de besan/garbanzos

1 taza de zumo de piña

½ taza de leche no láctea (sin azúcar)

4 cucharadas de margarina ablandada

½ taza de azúcar moreno

7 anillos de piña, enlatados o frescos

7 cerezas marrasquino

- Precaliente el horno a 350°F y engrase ligeramente los lados de un molde desmontable de 8 pulgadas.
- En un tazón grande, mezcle la ⅔ taza de margarina y el azúcar hasta que esté esponjoso. Añada el extracto de vainilla, la harina de tapioca, la sal marina, la goma xantana, la levadura en polvo y el agave hasta que se mezclen. Añadir el besan poco a poco, alternando con el zumo de piña, hasta que se haya añadido todo. Añada la leche no láctea y mezcle hasta

que la masa del pastel esté muy suave, al menos 50 veces. Si utiliza una batidora eléctrica, déjela funcionar a velocidad media durante aproximadamente 1 minuto. (La masa tendrá un sabor desagradable debido a la harina de garbanzos cruda).

• Esparcir las 4 cucharadas de margarina adicionales en el fondo del molde desmontable, cubriéndolo por completo. Espolvoree uniformemente el azúcar moreno y disponga las rodajas de piña para que encajen bien en el fondo del molde desmontable. Coloque las cerezas al marrasquino en los huecos de los aros de piña para darles un toque de color. Extienda suavemente la masa de la tarta sobre las piñas y colóquela en la rejilla central del horno con una bandeja grande para hornear colocada debajo para recoger cualquier goteo.

• Hornear durante unos 50 a 55 minutos, o hasta que al insertar un cuchillo en el centro éste salga limpio. Los bordes estarán muy oscuros, pero el centro debe estar brillante y dorado. Deje que el pastel se enfríe en el molde de 20 a 30 minutos antes de desmoldar e invertir el pastel en un plato. Servir caliente o a temperatura ambiente. Guárdelo tapado hasta 3 días.

PASTEL DE ACEITE DE OLIVA

RENDIMIENTO: 1 PASTEL, UNAS 8 RACIONES

Este pastel, húmedo y denso, es un postre clásico italoamericano y presenta los matices florales del aceite de oliva en lugar del aceite de coco o la margarina. Sírvalo después de un delicioso plato de pasta y una abundante ensalada, junto con una cucharada de helado.

1 taza de harina de arroz integral superfina

½ taza de fécula de patata

¼ de taza de harina de tapioca

1 cucharadita de goma xantana

1 cucharadita de sal

2 cucharaditas de polvo de hornear

1 taza de azúcar

3 cucharadas de zumo de limón

¾ de taza de aceite de oliva

½ taza + 2 cucharadas de leche no láctea

Azúcar en polvo, para espolvorear

- Precalentar el horno a 350°F. Engrasa ligeramente y enharina (arroz integral) un molde redondo de 8 pulgadas.
- En un bol grande, bata la harina de arroz integral superfina, la fécula de patata, la harina de tapioca, la goma xantana, la sal, la levadura en polvo y el azúcar. Añadir el zumo de limón, el aceite de oliva y la leche no láctea y batir hasta que quede muy suave. Repartir la masa en el molde preparado y hornear durante 40 minutos, o hasta que los bordes estén ligeramente dorados y un cuchillo insertado en el centro salga limpio. Dejar enfriar antes de espolvorear ligeramente con azúcar en polvo y cortar con un cuchillo de sierra. Guárdelo tapado hasta 3 días.

TARTA DE PLÁTANO

RENDIMIENTO: UN PASTEL DE 2 CAPAS

Si te gustan los plátanos, adorarás este pastel. Yo lo disfruto especialmente con un glaseado de chocolate esponjoso o un ganache de chocolate negro.

3 plátanos grandes muy maduros (las cáscaras deben ser marrones)

⅔ taza de aceite de oliva

1 taza de azúcar

⅓ taza de azúcar moreno

1 cucharadita de extracto de vainilla

1 cucharadita de sal

1½ tazas de harina de arroz integral

¾ de taza de fécula de patata

⅓ taza de harina de tapioca

1 cucharadita de goma xantana

2 cucharaditas de polvo de hornear

2 cucharaditas de bicarbonato de sodio

½ taza de yogur natural no lácteo

3 cucharadas de vinagre de sidra de manzana

- Precaliente el horno a 350°F y engrase ligeramente y enharine (arroz integral) dos moldes redondos de 8 pulgadas.
- En un bol grande, mezclar los plátanos hasta que estén bien triturados. Bata el aceite de oliva, los azúcares y el extracto de vainilla hasta que quede suave. Añadir poco a poco el resto de los ingredientes, mezclando bien después de cada adición. Repartir la masa entre los dos moldes preparados y hornear en la rejilla central de 30 a 35 minutos, o hasta que al insertar un cuchillo en el centro éste salga limpio. Deje que se enfríen en los moldes durante unos 15 minutos y, a continuación, pase suavemente un cuchillo por los bordes de los moldes para

soltarlos. Invierta los pasteles en una rejilla de enfriamiento y deje que se enfríen completamente antes de cubrirlos con el glaseado. Una vez que se hayan enfriado, siga las instrucciones de Preparación y glaseado de una tarta de capas. Simplemente cubra la parte superior de un pastel con el glaseado, únalo con otro pastel y cubra la segunda capa con el glaseado. Guárdalo en un recipiente hermético o en una tartera hasta 3 días.

Esta receta también sirve para hacer un delicioso pastel. Simplemente engrase y enharine ligeramente un molde de 9 × 13 pulgadas, extienda la masa preparada de manera uniforme y hornee de 30 a 35 minutos, o hasta que al insertar un cuchillo en el centro éste salga limpio.

CUPCAKES

CUPCAKES DE CARAMELO AL BOURBON

RENDIMIENTO: 12 MAGDALENAS

El bourbon es uno de mis sabores favoritos porque combina perfectamente con mis otros sabores favoritos, la vainilla y el azúcar moreno. Estos chicos malos se llevan los tres sabores y son una adición muy elegante a una bandeja de postres. ¿No te gusta el bourbon? Puedes sustituirlo por sidra de manzana o leche no láctea.

1¼ tazas de harina de arroz integral superfina

¾ de taza de harina de sorgo

¾ de taza de fécula de patata

¼ de taza de harina de arroz blanco dulce

1½ cucharaditas de goma xantana

2 cucharaditas de polvo de hornear

1 cucharadita de bicarbonato de sodio

1 cucharadita de sal

¾ de taza de aceite de oliva

1 taza de azúcar moreno

⅓ taza de azúcar

2 cucharadas de melaza

2 cucharaditas de extracto de vainilla

1 cucharada de semillas de chía molidas mezcladas con ¼ de taza de agua

½ taza de bourbon

1 taza de agua helada

- Precaliente el horno a 350°F. Forrar 12 moldes para muffins con forros de papel.

- En un bol mediano, bata la harina de arroz integral, la harina de sorgo, la fécula de patata, la harina de arroz blanco dulce, la goma xantana, la levadura en polvo, el bicarbonato y la sal.

- En otro bol más grande, combinar el aceite de oliva, los azúcares, la melaza, 1 cucharadita de extracto de vainilla y la mezcla de chía. Añada un poco de la mezcla de harina, el bourbon y un poco del agua fría más la cucharadita restante de extracto de vainilla y mezcle hasta que quede suave. Repita la operación con la mezcla de harina y el agua hasta que todo se haya incorporado por completo. Mezclar la masa a alta velocidad durante 1 minuto con una batidora eléctrica, o unos cincuenta golpes a mano.

- Vierta ⅓ de taza de masa en cada molde de magdalenas preparado y hornee de 25 a 30 minutos, o hasta que al insertar un cuchillo en el centro éste salga limpio. Deje que se enfríen completamente antes de cubrirlos con el glaseado de caramelo. Guárdelo tapado hasta 2 días.

CUPCAKES AMARILLOS CLÁSICOS

RENDIMIENTO: 24 MAGDALENAS

Perfecto para fiestas de cumpleaños, especialmente cuando se combina con glaseado de chocolate esponjoso para una combinación clásica.

¾ de taza de harina de arroz blanco

½ taza de harina de arroz integral

¾ de taza de harina de besan/garbanzos

¼ de taza de harina de arroz blanco dulce

¾ de taza de fécula de patata

1½ cucharaditas de goma xantana

3 cucharaditas de polvo de hornear

1 cucharadita de bicarbonato de sodio

1 cucharadita de vainilla

¾ de taza de margarina no láctea derretida

1¼ tazas de azúcar

1¼ tazas de leche de coco en lata

1 taza de agua

2½ cucharadas de vinagre de sidra de manzana

- Precalentar el horno a 350°F. Forrar 24 moldes para muffins con forros de papel, o engrasar ligeramente y enharinar (arroz integral) los moldes individuales.
- En un bol grande, batir la harina de arroz blanco, la harina de arroz integral, el besan, la harina de arroz blanco dulce, la fécula de patata,

la goma xantana, la levadura en polvo y el bicarbonato. Incorporar poco a poco el resto de los ingredientes, a medida que se vayan ordenando, y batir hasta que quede muy suave. Vierta un poco menos de ⅓ de masa en las bandejas de horno preparadas y hornee durante unos 27 minutos, o hasta que al insertar un cuchillo en el centro éste salga limpio. Saque los cupcakes del molde y déjelos enfriar completamente sobre una rejilla antes de cubrirlos con el glaseado. Guárdelos tapados en un recipiente hermético hasta 2 días.

Esta receta también se puede utilizar para hacer una tarta en plancha; hornéela entre 10 y 15 minutos más, justo hasta que al introducir un cuchillo en el centro éste salga limpio.

PASTELITOS DE CREMA DE BOSTON

RENDIMIENTO: 12 MAGDALENAS

Este tierno bizcocho con un relleno ácido y cubierto con ganache es un homenaje al clásico postre Boston Cream Pie. En mi opinión, el relleno de crema ácida es la mejor parte -¡que proviene de la improbable adición de mayonesa!

PASTELERÍA

1⅓ tazas de harina de arroz integral superfina

¼ de taza de harina de arroz blanco dulce

¾ de taza de fécula de patata

⅔ taza de harina de besan/garbanzos

2 cucharaditas de goma xantana

3 cucharaditas de polvo de hornear

1 cucharadita de bicarbonato de sodio

1 cucharadita de sal

1½ tazas de azúcar moreno envasado

¾ de taza de aceite de oliva

1 taza de leche de coco

1¼ tazas de agua muy fría

2½ cucharadas de zumo de limón

RELLENO

⅓ taza de margarina no láctea

2 tazas de azúcar en polvo

1 cucharada de leche no láctea

1 cucharada de zumo de limón

1 cucharada de mayonesa no láctea, como la Vegenaise

½ cucharadita de goma xantana

TOPPING

1 receta de ganache de chocolate negro

- Precalentar el horno a 350°F. Forrar un molde para cupcakes con 12 forros de papel, o engrasar ligeramente y (arroz integral) enharinar los moldes individuales.

- En un bol grande, bata la harina de arroz integral, la harina de arroz blanco dulce, la fécula de patata, el besan, la goma xantana, la levadura en polvo, el bicarbonato de sodio y la sal.

- En el cuenco de la batidora eléctrica, mezclar el azúcar moreno, el aceite de oliva y la leche de coco. Añada suavemente la mezcla de harina, alternando con el agua. Añadir el zumo de limón y mezclar a alta velocidad durante 1 ó 2 minutos. Dividir la masa entre los 12 moldes para magdalenas y hornear durante 35 minutos, o hasta que se hinchen bien y se doren, y al insertar un cuchillo en el centro éste salga limpio. Deje que las magdalenas se enfríen completamente antes de rellenarlas y cubrirlas.

- Para hacer el relleno, combine todos los ingredientes con una batidora eléctrica con un accesorio de batir y bata hasta que esté esponjoso. Con un cuchillo de sierra, cortar la parte superior de los cupcakes justo por encima de los papeles. Añade unas 2 cucharadas de relleno y vuelve a colocar la parte superior. Colocar los cupcakes en el congelador sobre una superficie plana unos minutos antes de cubrirlos con el Ganache de Chocolate Oscuro. Guarde los cupcakes cubiertos sin apretar en el frigorífico hasta 1 semana.

CUPCAKES DE CAPUCHINO

RENDIMIENTO: 12 MAGDALENAS

Deje que estas magdalenas le transporten a su café favorito con notas de espresso oscuro. El tierno y húmedo bizcocho es el complemento perfecto para la recomendada cobertura del ligero glaseado Mocha Fluff.

1 taza de harina de besan/garbanzos

½ taza de harina de arroz blanco

⅓ taza de fécula de patata

¼ de taza de harina de tapioca

1½ cucharaditas de polvo de hornear

1 cucharadita de sal

1 cucharadita de goma xantana

½ taza de azúcar moreno

⅔ taza de azúcar

⅓ taza de aceite de oliva

3 cucharaditas de espresso instantáneo en polvo

1½ tazas de agua

1 cucharada de vinagre de sidra de manzana

- Precalentar el horno a 350°F y forrar 12 moldes para muffins con papel de hornear, o rociar ligeramente con aceite.
- En un bol grande, bata el besan, la harina de arroz blanco, la fécula de patata, la harina de tapioca, la levadura en polvo, la sal, la goma xantana y los azúcares. Haga un pozo en el centro de la mezcla de harina y añada el aceite de oliva, el café en polvo, el agua y el vinagre. Remover para mezclar bien hasta que la masa sea homogénea. Llene los moldes hasta dos tercios de su capacidad. Hornee de 25 a 30 minutos, o hasta que al insertar un cuchillo en el centro de uno de los cupcakes éste salga limpio. Deje que las magdalenas se enfríen completamente en una rejilla antes de cubrirlas. Guárdelos tapados hasta 2 días.
- Cubrir con Mocha-Fluff Frosting.

PASTELES DE TUBO Y BUNDT

TARTA DE MANZANA

RINDE: 1 TARTA

La Tarta de Manzana es perfecta para hornear cuando se quiere "sorprender" sin mucha complicación. Esta tarta es extra húmeda y sabrosa con la adición de manzanas frescas. El secreto es cortar las manzanas en rodajas finas y uniformes. No las quieres demasiado finas, pero aproximadamente ¼ × 1 × 1 pulgada es lo adecuado.

¾ de taza de harina de arroz integral

¾ de taza de harina de besan/garbanzos

½ taza de fécula de patata

1 cucharadita de goma xantana

1 cucharadita de polvo de hornear

1 cucharadita de bicarbonato de sodio

2 cucharaditas de canela

¾ de taza de margarina no láctea derretida

1 taza de azúcar

½ taza de azúcar moreno

1 cucharadita de extracto de vainilla

1 taza de leche no láctea

1 cucharada de aceite de oliva

4 manzanas, peladas, cortadas en cuartos y en trozos finos

• Precaliente el horno a 350°F. Engrasar ligeramente un molde de tubo antiadherente de tamaño estándar.

• En un bol mediano, bata la harina de arroz integral, el besan, la fécula de patata, la goma xantana, la levadura en polvo, el bicarbonato y la canela.

• Haga un pozo en el centro y añada el resto de los ingredientes, excepto las manzanas, removiendo bien después de añadir todo. Mezclar bien, unos cincuenta golpes. Incorpore las manzanas hasta que estén completamente incorporadas. Repartir la masa del pastel en el molde preparado y hornear de 65 a 70 minutos, o hasta que al insertar un cuchillo en el centro éste salga limpio. Si utiliza un molde de otro tamaño, compruebe si está listo alrededor de los 40 minutos utilizando la prueba del cuchillo.

- Deje que se enfríe durante 1 hora y, a continuación, pase un cuchillo por el exterior y el interior del pastel para aflojarlo. Déle la vuelta sobre una rejilla.

- Espolvorear con azúcar glas justo antes de servir. Almacenar tapado hasta 2 días.

Esta tarta está tan llena de manzanas que éstas se convierten en una parte importante de la estructura de la tarta. Asegúrate de dejar que el pastel se enfríe completamente antes de cortarlo, ¡o podrías tener una avalancha de pastel de manzana!

TARTA DE LIMÓN

RENDIMIENTO: 1 BUNDT CAKE

Los limones siempre me ponen de buen humor, y dominan este pastel. La acidez de los cítricos en este pastel combina maravillosamente con la textura aireada. Recomiendo cubrirlo con glaseado de limón o con una simple capa de azúcar glas.

1 taza de manteca no hidrogenada

1½ tazas de azúcar

⅓ taza + 1 cucharada de zumo de limón

1 cucharada de ralladura de limón

1 taza de harina de besan/garbanzos

⅓ taza de harina de arroz integral

½ taza de fécula de patata

½ taza de harina de tapioca

1 cucharadita de goma xantana

1 cucharadita de sal

½ cucharadita de levadura en polvo

½ cucharadita de bicarbonato de sodio

1 taza de leche no láctea

- Engrasar ligeramente un molde para Bundt cake de tamaño estándar o dos moldes redondos de 8 pulgadas. Enharinar muy ligeramente con harina de arroz blanco. Precalentar el horno a 350°F.

- En un cuenco grande de una batidora, combine la manteca, el azúcar y el zumo de limón y mézclelo todo hasta que quede suave y esponjoso. Añadir la ralladura de limón.

- En un bol aparte, bata el besan con el bicarbonato de sodio y luego añada la mezcla de harina a la mezcla de azúcar junto con la leche no láctea. Mezcle a velocidad baja hasta que se haya mezclado y luego suba la velocidad a alta y mezcle durante aproximadamente 1 minuto. La masa debe quedar suave y esponjosa.

- Reparte la masa de manera uniforme en el molde preparado para el Bundt cake y hornea en la rejilla central de 40 a 50 minutos, o hasta que al insertar un cuchillo en el centro éste salga limpio. Deje que se enfríe durante 1 hora y, a continuación, pase un cuchillo por el exterior y el interior del pastel para aflojarlo. Déle la vuelta a una rejilla y deje que se enfríe más. Cubra con el glaseado de limón. Guardar tapado hasta 2 días.

TARTA DE ZANAHORIA Y MANZANA

RENDIMIENTO: 1 BUNDT CAKE

Este pastel es deliciosamente fragante y tierno, con el reconfortante sabor de las manzanas y un encantador y sutil color de las zanahorias. Utilice cualquier tipo de azúcar que desee. A mí me encanta el azúcar de caña evaporado estándar... pero el azúcar moreno ligero o el azúcar de palma de coco también quedarían muy bien.

½ taza de harina de trigo sarraceno

¾ de taza de harina de sorgo

¾ de taza de fécula de patata

1 cucharadita de goma xantana

½ cucharadita de sal marina

½ cucharadita de levadura en polvo

1½ cucharaditas de bicarbonato de sodio

1 cucharadita de canela

1¼ tazas de azúcar

½ taza de aceite de oliva

1 taza de compota de manzana (sin azúcar)

2 cucharadas de zumo de limón

2 zanahorias medianas, ralladas

- Precalentar el horno a 350°F. Engrasar ligeramente y enharinar (con sorgo) un molde de tubo o Bundt de tamaño estándar.
- En un bol grande, bata la harina de trigo sarraceno, la harina de sorgo, la fécula de patata, la goma xantana, la sal marina, la levadura en polvo, el bicarbonato, la canela y el azúcar.
- Incorporar el aceite de oliva, el puré de manzana y el zumo de limón hasta que se mezclen bien y se forme una masa espesa. Incorpore las zanahorias ralladas y distribuya uniformemente la masa en el molde preparado.
- Hornee en la rejilla central de 40 a 45 minutos, o hasta que al insertar un cuchillo en el centro éste salga limpio. Deje enfriar durante 20 minutos antes de pasar suavemente un cuchillo por el borde e invertirlo en una fuente plana. Guárdelo tapado hasta 2 días.

PASTEL DE COLIBRÍ

RENDIMIENTO: 1 BUNDT CAKE

Una delicia popular del Sur, cuyo origen se teoriza en Jamaica, este pastel también fue ampliamente conocido en su momento como "El pastel que no dura". Un divertido juego con el clásico sureño tradicional, este postre se lleva la palma con todos sus deliciosos añadidos como la piña, el plátano y las nueces.

1¼ tazas de harina de arroz integral

¾ de taza de harina de besan/garbanzos

1 taza de fécula de patata

1 cucharadita de goma xantana

2½ cucharaditas de polvo de hornear

1 cucharadita de bicarbonato de sodio

½ cucharadita de sal

½ taza de margarina no láctea derretida

1 cucharadita de canela

1 taza de azúcar

3 plátanos muy maduros, triturados

1 taza de zumo de piña

½ taza de agua

1 cucharadita de extracto de vainilla

1⅓ tazas de trozos pequeños de piña

1 taza de nueces trituradas

Frosting de queso crema, variación de glaseado

- Engrasar ligeramente un molde para bollos de tamaño estándar.
- En un bol grande, bata la harina de arroz integral, el besan, la fécula

de patata, la goma xantana, la levadura en polvo, el bicarbonato y la sal. Añada la margarina, la canela, el azúcar, los plátanos, el zumo de piña, el agua y el extracto de vainilla y mézclelo todo bien con un batidor de varillas hasta que quede suave. Incorporar los trozos de piña. Espolvorear las nueces en el molde del Bundt cake y verter la masa sobre las nueces. Hornear durante 70 minutos, o hasta que al insertar un cuchillo en el pastel éste salga limpio. Deje que se enfríe en el molde durante 20 minutos y páselo a una rejilla para que se enfríe completamente. Guárdelo tapado en el frigorífico hasta 3 días.

- Cubrir con Cream Cheese Frosting, variación del glaseado.

TARTA DE RON

RENDIMIENTO: 10 RACIONES

Esta es una joya de tarta que mi madre hacía a menudo cuando yo era una niña, y que no aprecié hasta que fui una adulta en toda regla. Aunque la receta original de mi madre no es sin gluten ni vegana, puedo asegurar que esta versión es igual de increíble.

PASTELERÍA

¾ de taza de harina de arroz blanco

½ taza de harina de arroz integral

¾ de taza de harina de besan/garbanzos

1 taza de fécula de patata

1½ cucharaditas de goma xantana

2½ cucharaditas de polvo de hornear

1 cucharadita de bicarbonato de sodio

1 taza de azúcar

1 cucharadita de sal

½ taza de ron

1½ tazas de agua

½ taza de aceite de oliva

3 cucharadas de zumo de lima

1 taza de pacanas o nueces picadas

SALSA DE RON

½ taza de margarina no láctea

½ taza de ron

½ taza de agua

1 taza de azúcar

• Precalentar el horno a 325°F y engrasar ligeramente un molde para Bundt cake de tamaño estándar. En un bol grande, bate las harinas, la fécula de patata, la goma xantana, la levadura en polvo, el bicarbonato, el azúcar y la sal.

• Hacer un pozo en el centro de la mezcla de harina y añadir el ron, el agua, el aceite de oliva y el zumo de lima. Remover bien hasta que la masa esté muy suave. Espolvorear las nueces picadas en el fondo del molde del Bundt cake y luego verter la masa sobre las nueces. Hornear de 60 a 65 minutos en la rejilla central del horno, hasta que suba y se dore. Una vez que el pastel haya terminado de hornearse, guárdelo en el molde mientras prepara la salsa de ron.

• Para la salsa, en una cacerola pequeña, combinar la margarina, el ron, el agua y el azúcar. Llevar la mezcla a ebullición a fuego medio, removiendo a menudo. Hervir durante 5 minutos y, a continuación, rociar con cuidado la salsa sobre la parte superior de la tarta mientras está bien colocada en el molde. Deje reposar el pastel entre 45 minutos y 1 hora y, a continuación, invierta el pastel con mucho cuidado en un plato plano. Servir a temperatura ambiente. Guárdelo tapado hasta 2 días.

Asegúrese de dejar que este pastel se enfríe completamente antes de manipularlo, ya que es muy frágil mientras está caliente.

PASTELES Y PANES DE MOLDE

PAN DE PLÁTANO CLÁSICO

RENDIMIENTO: 1 PANEL

Esta es una versión de ese pastel, sin el gluten ni los huevos. Este pan de plátano combina muy bien con una taza de nueces o pacanas trituradas, así que echa unas cuantas en la masa justo antes de ponerla en la sartén si te gustan los panes con un poco de nueces.

½ cucharada de semillas de chía molidas

2 cucharadas de agua

¾ de taza de azúcar

2 cucharaditas de bourbon o extracto de vainilla

4 plátanos medianos muy maduros (la piel debe estar casi dorada)

1 taza de harina de arroz integral superfina

½ taza de harina de sorgo

½ taza de almidón de maíz

¼ de taza de harina de tapioca

1 cucharadita de goma xantana

1 cucharadita de sal

1 cucharadita de polvo de hornear

1 cucharadita de bicarbonato de sodio

- Precaliente el horno a 350°F y engrase ligeramente un molde para pan de tamaño estándar con margarina o aceite de coco refinado.
- En un bol pequeño, mezclar las semillas de chía con el agua y dejar reposar durante 5 minutos hasta que se gelifiquen.
- En un tazón grande, utilice un machacador de papas para mezclar el "huevo" de chía preparado, el azúcar, el bourbon y los plátanos hasta que esté suave. Los grumos grandes de plátano no son tan buenos; los grumos pequeños son bienvenidos.
- En otro bol más pequeño, bata el resto de los ingredientes secos hasta que se mezclen. Incorporar gradualmente a la mezcla de plátano hasta obtener una masa espesa.
- Vierta la masa de manera uniforme en el molde preparado y hornee en la rejilla del medio durante 60 minutos, o hasta que al insertar un cuchillo en el centro éste salga limpio. Una vez horneado, deje que se enfríe durante 10 minutos y luego pase un cuchillo por los bordes del molde para aflojarlos. Pasar a una rejilla para que se enfríe completamente. Guárdelo tapado en un recipiente hermético hasta 2 días.

PASTEL DE VAINILLA

RENDIMIENTO: 1 PANEL

Deliciosamente húmedo y sencillo, este pastel es fantástico por sí solo y constituye una base encantadora para mezclas, como ½ taza de almendras en rodajas, bayas secas o trocitos de chocolate.

1 taza de harina de sorgo

1 taza de harina de besan/garbanzos

¼ de taza de harina de tapioca

½ taza de fécula de patata

2 cucharaditas de goma xantana

2½ cucharaditas de polvo de hornear

½ cucharadita de sal

2 cucharadas de aceite de coco derretido

1 cucharada de leche no láctea

¼ de taza de zumo de naranja

2 tazas de azúcar granulado

1 cucharadita de extracto de vainilla

2 cucharaditas de semillas de chía molidas mezcladas con 2 cucharadas de agua

2 cucharadas de vinagre de sidra de manzana

1 cucharadita de vaina de vainilla raspada (raspada del interior de la vaina)

- Precaliente el horno a 350°F y engrase y enharine ligeramente un molde de metal para pan de tamaño estándar.
- En un bol grande, bata las harinas, la fécula de patata, la goma xantana, la levadura en polvo y la sal hasta que estén bien mezclados. Añadir el resto de los ingredientes y mezclar bien hasta que se forme una masa fina y uniforme. Viértala en el molde para pan preparado y hornee durante 50 minutos, sin que se mueva. Una vez terminada la cocción, apague el horno, abra suavemente la puerta del horno una rendija y deje que el pastel repose en el horno durante 45 minutos más. Sacar del horno y enfriar completamente antes de cortarlo con un cuchillo de sierra. Guárdelo tapado hasta 2 días.

PAN DE CALABAZA CON TROCITOS DE CHOCOLATE

RENDIMIENTO: 1 PANEL

Un giro divertido en un viejo favorito, las chispas de chocolate añaden un toque extra de dulzura a este húmedo pan de calabaza. Para una delicia extra, utiliza este pan como base para la receta de budín de pan.

2 cucharadas de harina de linaza

4 cucharadas de agua

½ taza de margarina no láctea

1½ tazas de azúcar

1 taza de puré de calabaza en lata

¾ de taza de harina de sorgo

⅓ taza de harina de trigo sarraceno

⅓ taza de fécula de patata

¼ de taza de harina de arroz blanco dulce

1 cucharadita de goma xantana

½ cucharada de levadura en polvo

¾ de cucharadita de bicarbonato de sodio

⅛ cucharadita de sal

1 taza de chispas de chocolate no lácteo

• Precalentar el horno a 350°F. En un tazón pequeño, combinar la harina de linaza y el agua y dejar reposar durante 5 minutos, hasta que se gelifique. Engrase ligeramente y enharine (con sorgo) un molde de cristal para pan de tamaño estándar.

• En un tazón grande, cremar la margarina con el azúcar y luego incorporar la calabaza. Añada la harina de linaza preparada.

• En otro bol más pequeño, bata la harina de sorgo, la harina de trigo sarraceno, la fécula de patata, la harina de arroz dulce, la goma xantana, la levadura en polvo, el bicarbonato de sodio y la sal.

- Incorporar gradualmente la mezcla de harina a la de calabaza y mezclar bien hasta que se forme una masa espesa. Incorporar las pepitas de chocolate y extenderla en el molde preparado.
- Hornee en el horno precalentado de 70 a 75 minutos, o hasta que al insertar un cuchillo en el centro éste salga limpio. Guárdalo tapado en un recipiente hermético hasta 2 días.

PAN DE PASAS CON CANELA

RENDIMIENTO: 1 PANEL

Este fragante pan es un complemento encantador para una fiesta de té, con canela dulce y pasas regordetas salpicadas por todas partes. Este pan está excepcionalmente bueno tostado y untado con mermelada de chía y frambuesa.

1 cucharada de levadura seca activa

¼ de taza de azúcar

1½ tazas de agua caliente, a unos 105°F

3 cucharadas de aceite de coco

1¼ tazas de harina de trigo sarraceno

¾ de taza de harina de sorgo

2 cucharaditas de canela

1 taza de fécula de patata

½ taza de harina de tapioca

2 cucharaditas de goma xantana

1 cucharadita de sal

1½ tazas de pasas

¼ de taza de azúcar turbinado

- Precalentar el horno a 450°F. Engrasar un molde para pan de tamaño estándar con aceite de oliva.
- En un bol grande, combinar la levadura con el azúcar y el agua; probar hasta que esté espumosa, durante unos 5 minutos. Añadir el aceite de coco.
- En otro bol, bata la harina de trigo sarraceno, la harina de sorgo, la canela, la fécula de patata, la harina de tapioca, la goma xantana y la sal. Mezclar los ingredientes secos con los húmedos y remover hasta que se mezclen. Incorporar las pasas.
- Repartir la masa uniformemente en el molde engrasado. Cubrir ligeramente con un paño de cocina y dejar reposar en un lugar cálido

durante 1 hora. Espolvorear la parte superior del pan con el azúcar turbinado. Hornee el pan durante 15 minutos, luego reduzca la temperatura a 375°F y hornee durante 30 a 35 minutos más, o hasta que el pan suene hueco al golpearlo.

- Deje que se enfríe durante 15 minutos y luego retírelo de la sartén. Deje que se enfríe completamente antes de cortarlo con un cuchillo de sierra. Guardar tapado en un recipiente hermético hasta 2 días.

OTROS DULCES DE LA TARTA

ROLLO DE PEPINO

RENDIMIENTO: 8 RACIONES

Este rollo de calabaza se congela excepcionalmente bien, lo que te permite sacar un poco cuando se te antoje y reservar una reserva de emergencia para más tarde. Es mi opción para un dulce nocturno de principios de otoño.

3 cucharadas de harina de linaza

6 cucharadas de agua

⅓ taza de harina de sorgo

2 cucharadas de harina de arroz integral

1 cucharada de fécula de patata

¼ de taza de harina de tapioca

1 cucharadita de goma xantana

1 cucharadita de sal

1 cucharadita de bicarbonato de sodio

1 taza de azúcar

½ cucharadita de canela

¼ de cucharadita de clavo de olor

¼ de cucharadita de nuez moscada

1 taza de puré de calabaza en lata

1 cucharadita de zumo de limón

1 receta de glaseado de queso crema

- Precaliente el horno a 375°F. Forrar un molde de gelatina con un tapete de silicona grande para hornear o dos hojas de papel pergamino. Rocíe ligeramente con aceite en aerosol antiadherente, como PAM.
- Prepare su mezcla de "huevo" de linaza mezclando la harina de linaza con el agua y dejándola reposar durante al menos 5 minutos, o hasta que esté espesa.

- En un tazón grande, bata todos los ingredientes secos y luego agregue el puré de calabaza, el jugo de limón y la harina de linaza preparada. Remover hasta que quede una mezcla homogénea. Extienda la mezcla uniformemente en forma rectangular en la bandeja de galletas preparada, con un grosor de aproximadamente ½ pulgada. Hornee durante 14 minutos en el horno precalentado. Deje que se enfríe durante unos 5 minutos y, a continuación, déle la vuelta con cuidado sobre un trozo grande de papel de plástico en una superficie plana. Espolvoree ligeramente con azúcar glas y coloque un paño de cocina limpio sobre el pastel (o cubra un lado del paño con azúcar glas y coloque el lado del azúcar hacia abajo sobre el pastel). Enrolle a lo largo, con el paño de cocina y todo, y deje que se enfríe unos 20 minutos en un lugar fresco (una ventana abierta durante el otoño es perfecta para esto). No dejes que permanezca en la toalla demasiado tiempo, o podría pegarse.
- Desenrolle el rollo ligeramente enfriado y retire con cuidado la toalla. Extienda el glaseado en el centro del pastel e inmediatamente vuelva a enrollarlo a lo largo. Espolvorear con azúcar glas. Refrigere durante al menos 2 o 3 horas antes de servir. Guárdelo tapado en un recipiente hermético en el frigorífico hasta 1 semana, o congélelo hasta 3 meses.

Esta receta es mejor hacerla en un día seco. El tiempo húmedo o lluvioso puede hacer que la masa se vuelva pegajosa.

TARTA DE FRESA

RENDIMIENTO: 8 PASTELES

Nada dice más verano que el sabor de las fresas azucaradas sobre una delicada tarta corta. No olvides la crema de coco batida. Siéntete libre de ajustar la cantidad de azúcar en función del dulzor natural de tus bayas. Utiliza más o menos azúcar según sea necesario.

SHORTCAKES

1½ tazas de harina de arroz integral superfina

¼ de taza de almidón de maíz

¼ de taza de harina de tapioca

1 cucharadita de goma xantana

2½ cucharaditas de polvo de hornear

⅓ taza de azúcar

½ taza de margarina fría no láctea, cortada en trozos pequeños

½ taza de leche no láctea

1 cucharada de harina de linaza

2 cucharadas de agua

MEZCLA DE FRESAS

3 tazas de fresas

½ taza de azúcar

• Precaliente el horno a 400°F. Forrar una bandeja de horno grande con papel pergamino o un tapete de silicona. En un bol grande, bata la harina de arroz integral, la maicena, la harina de tapioca, la goma xantana, la levadura en polvo y el azúcar. Desmenuzar con los dedos la margarina hasta que la mezcla quede como un guijarro. Añadir la leche no láctea. Mezclar la harina de linaza con el agua e incorporarla a la mezcla. Amasar ligeramente para formar una masa muy suave. Estirar la masa entre dos hojas de pergamino hasta que tenga medio centímetro de grosor y, con un cortador de galletas, cortar en rondas de 5 centímetros. Colocarlas a 5 cm de distancia y hornearlas de 17 a 20 minutos, o hasta que estén ligeramente doradas en los bordes.

- Enjuague y corte las fresas y deseche las hojas o resérvelas para otro uso, como batidos o ensaladas. Coloque las fresas en un bol y mézclelas con el azúcar. Tapar y dejar reposar durante 1 hora. Acompañar con las tartaletas y la crema de coco batida azucarada, con las proporciones de cada una de ellas a su gusto.
- Guarde los pasteles por separado en un recipiente hermético hasta 2 días.

PETITS FOURS

RENDIMIENTO: 24 PASTELES

Se necesita un poco de delicadeza y tiempo para prepararlas, pero el resultado final es tan divertido que querrás repetirlo. Son una opción especialmente buena para llevar a los potlucks, o para servir en una cena, a la moda con un poco de helado de anacardo Matcha, tal vez?

PASTELERÍA

2 tazas de azúcar

1½ tazas de aceite de oliva

3 cucharaditas de extracto de vainilla

1 cucharadita de sal

2 cucharaditas de polvo de hornear

1¾ tazas de harina de sorgo

¼ de taza de harina de besan/garbanzos

½ taza de harina de tapioca

½ taza de fécula de patata

2 cucharaditas de goma xantana

1 taza de leche no láctea

2 cucharadas de vinagre

3 cucharadas de zumo de limón

RELLENO

½ taza de conservas de frambuesa

8 onzas de mazapán

GLAZE

1 receta de glaseado de limón o de vainilla

2 onzas de chocolate no lácteo, derretido, para rociar

- Precalentar el horno a 350°F. Engrasa y enharina (con sorgo) un molde para hornear de 9 × 13 pulgadas.

- En un cuenco grande, mezcle el azúcar, el aceite de oliva, el extracto de vainilla y la sal, y mézclelo todo bien. En otro bol, bata la levadura en polvo, la harina de sorgo, el besan, la harina de tapioca, la fécula de patata y la goma xantana. Añada aproximadamente 1 taza de la mezcla de harina a la mezcla de azúcar y mézclela bien, y luego añada la leche no láctea. Incorporar el resto de la mezcla de harina y mezclar bien, durante aproximadamente 1 minuto o cincuenta y cinco golpes. Incorporar el vinagre y el zumo de limón. Repartir uniformemente en el molde preparado.

- Hornee a 350°F durante 40 a 45 minutos, sin tocar, hasta que al insertar un cuchillo en el centro éste salga limpio. Deje enfriar durante unos 30 minutos y pase suavemente un cuchillo por el borde para soltarlo. Voltee sobre una rejilla y deje enfriar completamente, por lo menos 2 horas.

- Una vez que el pastel esté frío, córtelo en cuadrados de 1 × 1 pulgada. Corta los cuadrados por la mitad y, a continuación, extiende un poco de mermelada (aproximadamente ½ cucharadita) sobre uno de los pasteles y cúbrelo con otro para formar un sándwich. Repita la operación hasta que haya cortado todos los pasteles y los haya unido en sándwich.

- Coloque el mazapán entre dos hojas de papel pergamino y pase un rodillo lo más fino posible sin romper el mazapán. Corte uniformemente en cuadrados de 1 × 1 pulgada y coloque un cuadrado pequeño sobre los pasteles intercalados hasta cubrirlos todos.

- Prepare el glaseado e inmediatamente sumerja los pasteles en el glaseado, uno por uno, y luego colóquelos en una rejilla con una bandeja de galletas grande debajo. Deje que los pasteles se endurezcan brevemente y luego repita con otra capa. Rocíe con chocolate derretido y deje reposar durante al menos 1½ horas, o hasta que esté firme. Guárdelo tapado en un recipiente hermético hasta 2 días.

BOMBAS DE CEREZA

RINDE: 6 TORTAS

Adoro estos pequeños postres. El pastel crujiente, esponjoso y masticable está cubierto con cerezas caramelizadas que ofrecen una explosión de sabor.

1½ cucharaditas de margarina no láctea o aceite de coco

6 cucharadas de azúcar turbinado

2 tazas de cerezas dulces enteras, sin hueso y sin tallos

½ taza de harina de besan/garbanzos

¼ de taza de harina de arroz integral superfina

¼ de taza de fécula de patata

1 cucharadita de polvo de hornear

½ cucharadita de goma xantana

½ taza de azúcar

½ cucharadita de sal

⅔ taza de leche no láctea

¼ de taza de aceite de oliva

2 cucharadas de zumo de lima

- Precalentar el horno a 350°F y engrasar generosamente un molde para magdalenas grande de 6 unidades con la margarina, dejando aproximadamente ¼ de cucharadita repartida uniformemente en el fondo de las tazas. Espolvoree el azúcar turbinado en el molde para magdalenas, 1 cucharada de manera uniforme en cada taza. Coloque las cerezas en el fondo de los moldes, unas seis cerezas por taza, con los huesos hacia arriba.
- En un bol mediano, bata el besan, la harina de arroz integral, la fécula de patata, la levadura en polvo, la goma xantana, el azúcar y la sal. Añada la leche no láctea, el aceite de oliva y el zumo de lima y bata

hasta que quede esponjoso, unos cincuenta golpes o 1 minuto.

• Divida la masa uniformemente entre las 6 tazas y hornee de 40 a 45 minutos, hasta que se dore la parte superior y se hornee por completo. Deje enfriar durante 5 minutos y, a continuación, saque los pasteles con una cuchara grande, invirtiéndolos en una fuente de servir. Guárdelo tapado en el frigorífico durante un máximo de 2 días.

A la hora de elegir las cerezas, busque frutas gordas y de colores vivos. Evite cualquier fruta que esté magullada o dañada, ya que la fruta magullada tiende a hacer que la fruta buena se estropee rápidamente.

PASTELES DE CHOCOLATE

RENDIMIENTO: 12 PASTELES

Los whoopie pies, una delicia que tiene sus raíces en Maine, se han hecho cada vez más populares a lo largo de los años. Están a medio camino entre una tarta y una galleta y tradicionalmente se rellenan con un glaseado esponjoso, pero se pueden rellenar con lo que se quiera, como ganache o incluso una mermelada decadente.

PIES

1¼ tazas de harina de arroz integral

½ taza de fécula de patata

¼ de taza de harina de tapioca

⅓ taza de cacao en polvo

1 cucharadita de goma xantana

1 cucharadita de bicarbonato de sodio

1 taza de azúcar

2 cucharadas de harina de linaza

4 cucharadas de agua

½ taza de margarina no láctea, derretida

¾ de taza de leche no láctea

RELLENO

1 receta de glaseado esponjoso de panadería

- Precaliente el horno a 350°F. Forrar una bandeja para galletas con un tapete de silicona para hornear o engrasar ligeramente.
- En un bol grande, bata todos los ingredientes hasta la harina de linaza.
- En un bol pequeño, mezclar la harina de linaza con el agua y dejar reposar durante 5 minutos para que se forme un gel.
- Incorpore la linaza preparada, la margarina derretida y la leche no

láctea y mezcle bien para formar una masa espumosa.

- Colocar cucharadas redondeadas de manera uniforme en la bandeja para galletas con una separación de unos 5 cm. Hornee durante 11 minutos y deje que se enfríen completamente antes de retirarlas con cuidado de la bandeja de galletas. Una vez que las galletas se hayan enfriado, extienda 2 cucharadas de Fluffy Bakery-Style Frosting sobre una de las galletas y, a continuación, presione suavemente otra galleta encima y aplástela para combinarla. Repita la operación hasta que haya montado todas las tartas. Guárdelo tapado en un recipiente hermético hasta 3 días.

Una sabrosa baya-ación: Añade un par de cucharadas de confitura de fresa en el esponjoso glaseado para hacer Whoopie Pies de Chocolate con Fresa.

COBERTURAS: ESCARCHAS, GLASEADOS, Y SALSAS

FONDANT DE MALVAVISCO

RENDIMIENTO: CUBRE UN PASTEL DE 2 CAPAS

El fondant es una de esas cosas maravillosas que pueden ayudar a transformar un pastel de "meh" a "maravilloso". Es fácil de usar y se puede hacer en múltiples colores. También puedes utilizar el fondant para hacer bonitas formas recortadas para pegarlas en tu tarta. Una vez que hayas cubierto tu tarta, extiende una capa fina y luego recórtala con un cortador de galletas -vea Cómo extender el fondant. Pincela ligeramente un lado con agua y pégalo en la tarta.

1 bolsa (10 onzas) de malvaviscos veganos, como los Dandies

¼ de taza de agua tibia

1 cucharadita de extracto de vainilla (opcional)

½ cucharada de aceite de coco refinado, más ¼ de taza para amasar y engrasar

2 ó 3 gotas de colorante alimentario (opcional)

1½ tazas de azúcar de repostería + aproximadamente ½ taza extra para amasar

- Engrasar bien una espátula de silicona y un bol para mezclar.
- Poner los malvaviscos en una cacerola mediana y calentar a fuego medio-bajo hasta que estén pegajosos, durante unos 5 minutos, removiendo a menudo. Añadir el agua, el extracto de vainilla, ½

cucharada de aceite de coco y el colorante alimentario, si se desea. Continúe cocinando a fuego medio-bajo hasta que esté completamente suave, durante unos 7 minutos, removiendo a menudo con la espátula de silicona engrasada.

- Pasar a un bol muy bien engrasado. Incorporar con cuidado 1½ tazas de azúcar glas hasta que esté pegajosa. Lo más probable es que quede azúcar glas en el fondo del bol. No pasa nada, déjelo.
- Con las manos engrasadas, sacar del bol y amasar con ½ cucharada de aceite de coco y más azúcar glas hasta que la masa deje de estar pegajosa. Deberían ser necesarias varias adiciones pequeñas de azúcar glas, aproximadamente ½ taza en total, para conseguir la consistencia adecuada.
- Envuelve en papel de plástico y refrigera durante toda la noche. Saque el fondant de la nevera unos 10 o 15 minutos antes de utilizarlo. Guárdelo en un recipiente hermético en la nevera hasta 2 semanas.

Rodar el fondant

Tanto si utilizas mi receta de fondant de malvavisco como si optas por uno comprado en la tienda, como el de la marca Satin Ice, trabajar con fondant es más fácil de lo que parece; de hecho, creo que es la forma más sencilla de hacer una tarta de aspecto espectacular con poco esfuerzo. Sólo tienes que tener a mano unas cuantas herramientas económicas para que quede impecable.

Ten siempre a mano un pequeño recipiente de aceite de coco para engrasar tus manos, ya que el fondant tiende a secarse rápidamente, pero puede salvarse fácilmente dando un toque de aceite de coco o manteca.

Cuando se trabaja con fondant, recomiendo tener a mano algunas herramientas especiales para facilitar la experiencia. Un rodillo para fondant y unos aros de goma para rodar son muy útiles, así como una espátula para fondant, que permitirá una aplicación suave sobre la tarta.

El consejo más importante que puedo ofrecerte es que te asegures de que el pastel que estás cubriendo es uniforme. Utiliza un cuchillo de sierra para cortar los pasteles en capas uniformes (normalmente sólo hay que recortar la parte superior) y rellena los huecos con un poco de glaseado adicional. Utiliza el método anterior para crear una capa de migas y, si lo deseas, añade una última capa de glaseado al exterior de la tarta. Ahora está listo para cubrir el pastel.

Cuando extienda el fondant, asegúrese de hacerlo sobre una superficie muy limpia, plana y ligeramente azucarada. Utiliza los anillos de plástico de un rodillo de fondant para determinar el grosor del fondant, lo que garantizará una capa uniforme en la tarta. Utiliza el rodillo de fondant para ayudar a levantar el fondant enrollado y transferirlo uniformemente a la tarta. Remienda cualquier rotura o grieta con un toque de agua y/o aceite de coco. Por último, alisa la tarta con la espátula de fondant, moviendo suavemente la espátula sobre el fondant en un movimiento circular para eliminar cualquier bulto o burbuja grande. Si es necesario, puede introducir un alfiler limpio en las burbujas pequeñas para "reventarlas" antes de alisarlas. Sellar los bordes con bolas de fondant o con glasa.

GLASEADO DE CREMA DE MANTEQUILLA

RENDIMIENTO: 4 CUPS

Esta receta, un estándar en el arsenal de cualquier amante de los postres, funciona excepcionalmente bien con margarina o con aceite de coco. Si opta por este último, añada una pizca de sal y manténgala ligeramente fría.

6 cucharadas de margarina no láctea o aceite de coco (frío)

6 tazas de azúcar de repostería

De 2 a 3 cucharaditas de extracto de vainilla

6 cucharadas de leche no láctea

2 cucharadas adicionales de margarina no láctea ablandada o aceite de coco

- Mezcle las 6 cucharadas de margarina y aproximadamente ½ taza de azúcar glas. Añada gradualmente los demás ingredientes, excepto la margarina ablandada. Una vez que todos los demás ingredientes se hayan combinado y estén bastante suaves, añada la margarina ablandada.
- Mezclar a velocidad muy alta, utilizando un accesorio de batidora, batiendo hasta que quede esponjoso.
- Utilícelo inmediatamente en la tarta o póngalo en la nevera para utilizarlo más tarde. Si se refrigera, asegúrese de dejar que se ablande ligeramente poniendo el glaseado a temperatura ambiente hasta que se ablande lo suficiente como para extenderlo fácilmente sobre el pastel. Si el glaseado le parece demasiado espeso, añada un poco más de leche no láctea para diluirlo. Guárdelo en un recipiente hermético en el frigorífico hasta 2 semanas.

GLASEADO ESPONJOSO TIPO PANADERÍA

RENDIMIENTO: 2 CUPS

Utilice este clásico glaseado para rellenar Whoopie Pies, cupcakes y mucho más. Este glaseado se puede hacer fácilmente hasta con una semana de antelación y guardarlo en el frigorífico antes de utilizarlo. Asegúrese de descongelar a temperatura ambiente antes de utilizarlo.

2 tazas de azúcar en polvo

1 taza de manteca no hidrogenada

¼ de taza de margarina no láctea

- Bata los ingredientes en un bol eléctrico o a mano hasta que estén esponjosos. Guarde en el frigorífico y deje que se caliente un poco a temperatura ambiente antes de aplicarla a pasteles o galletas. Guárdelo en un recipiente hermético en el frigorífico hasta 1 semana.

GLASEADO DE QUESO CREMA

RENDIMIENTO: 1¼ CUPS

Una receta infalible con un toque picante. Puedes sustituir el queso crema vegano por 1 taza de crema de anacardos dulce + 1 cucharadita de zumo de limón. Para hacer un glaseado llovizna en lugar de un glaseado esponjoso, simplemente diluye con 2 a 3 cucharadas de leche no láctea y 1 cucharadita de agave o jarabe de maíz.

8 onzas de queso crema no lácteo

2 tazas de azúcar en polvo

• Hacer el glaseado mezclando los ingredientes enérgicamente a mano, o con una batidora eléctrica, hasta que quede esponjoso. Enfríelo antes de utilizarlo. Guárdelo en un recipiente hermético en el frigorífico hasta 1 semana.

GLASEADO DE CHOCOLATE ESPONJOSO

RENDIMIENTO: 2 CUPS

Mejor que el de lata, pero igual de adictivo. Cubre tus cupcakes favoritos o úsalo como relleno entre las galletas, como los barquillos de vainilla.

⅔ taza de cacao en polvo

⅓ taza de manteca no hidrogenada

¼ de taza de margarina no láctea ablandada

¼ de taza de leche no láctea

2½ tazas de azúcar de repostería

- En un cuenco grande equipado con un batidor de varillas, mezcle el cacao en polvo, la manteca y la margarina hasta que quede suave. Añada poco a poco la leche no láctea y el azúcar glas y bata a alta velocidad hasta que quede esponjoso, raspando los lados cuando sea necesario. Hace lo suficiente para un pastel; duplique la receta si lo hace para un pastel de capas. Guárdelo en un recipiente hermético en la nevera hasta 2 semanas.

GLASEADO DE CHOCOLATE ALEMÁN

RENDIMIENTO: PARA UNA TARTA DE CHOCOLATE ALEMANA

Este dulce glaseado de coco es un complemento apropiado para la tarta de chocolate alemana, pero también está delicioso en otras aplicaciones. Pruébelo sobre una gran bola de helado de vainilla.

½ taza de agave

¾ de taza de azúcar en polvo

2 cucharadas de leche no láctea

1 taza de nueces, finamente picadas

2 cucharadas de aceite de coco, ablandado

2 tazas de coco rallado azucarado

- En un tazón mediano, bata el agave, el azúcar en polvo y la leche no láctea hasta que esté suave. Añadir el resto de los ingredientes y mezclar bien. Extienda la mezcla sobre los pasteles mientras están calientes, o póngala en los cupcakes con una bolsa sin punta. Guardar en un recipiente hermético en el frigorífico hasta 2 semanas.

GLASEADO DE CARAMELO

RENDIMIENTO: CUBRE 12 MAGDALENAS

Este glaseado rico y aterciopelado recuerda a los caramelos dulces y salados, sin necesidad de esclavizarse en el horno. Aunque este glaseado va de maravilla con los recomendados cupcakes de caramelo de bourbon, también sabe fantástico sobre el pastel de chocolate. Para una delicia superior, pruébalo sobre mis Ultimate Fudgy Brownies, y espolvoréalo con nueces tostadas.

2 tazas de azúcar en polvo

½ cucharadita de extracto de vainilla

1 cucharada de melaza

¼ de taza de leche no láctea

⅛ cucharadita de sal

1 cucharada de margarina no láctea

- Combine todos los ingredientes, en el orden indicado, en un tazón pequeño de mezcla eléctrica y mezcle a alta velocidad hasta que esté suave y pegajoso. Extienda generosamente sobre la parte superior de las magdalenas o el pastel de capas enfriado. Guárdelo en un recipiente hermético en el frigorífico durante un máximo de 2 semanas.

GLASEADO DE MOKA-FLUFF

RENDIMIENTO: 1½ CUPS

Este glaseado es mejor utilizarlo justo después de prepararlo, ya que al enfriarse se endurece y se convierte en una cobertura fantásticamente ligera y aireada, parecida a un caramelo.

1 taza de malvaviscos veganos, como los Dandies

1 cucharada de margarina no láctea

2 cucharaditas de espresso instantáneo en polvo

2 tazas de azúcar en polvo

1 cucharada de leche no láctea

• En una cacerola pequeña, calentar los malvaviscos, la margarina y el café en polvo a fuego medio-bajo hasta que los malvaviscos y la margarina se hayan derretido. Remover constantemente y transferir inmediatamente a un bol equipado con un accesorio para batir. Bata a velocidad baja mientras agrega el azúcar y la leche no láctea y luego aumente la velocidad a alta y bata hasta que esté esponjoso. Páselo rápidamente a una manga pastelera con una punta redonda grande y póngalo en las magdalenas.

Se puede duplicar la cantidad de esta receta y hacer una confección muy parecida a un merengue vegano. Sólo tienes que ponerlo en papel pergamino o encerado y dejarlo secar al aire durante unas 6 horas.

ESMALTE DE VAINILLA

RENDIMIENTO: 1 TAZA

Este glaseado, especialmente bueno para glasear la mitad de una galleta blanca y negra, también funciona bien para pasteles, blondies y prácticamente cualquier cosa que se te ocurra.

1 taza de azúcar glas

1 cucharada + 1 o 2 cucharaditas de leche no láctea

1½ cucharaditas de jarabe de maíz ligero

⅛ cucharadita de extracto de vainilla Pizca de sal

- En un bol pequeño, bata todos los ingredientes hasta que queden muy suaves, asegurándose de que no queden grumos. Utilícela inmediatamente después de hacerla y déjela cuajar durante al menos 1 hora antes de manipularla.

GLASEADO DE CHOCOLATE

RENDIMIENTO: 1 TAZA

Este glaseado superfácil tiene el mismo sabor que el glaseado de los populares pasteles de chocolate para merendar y es un glaseado alternativo perfecto para los Petits Fours.

⅓ taza de monedas o chips de chocolate no lácteo derretido

1 cucharadita de aceite de coco

⅓ taza de azúcar glasé

1 cucharadita de jarabe de maíz

1 cucharada de leche no láctea

- En un tazón pequeño, bata el chocolate y el aceite de coco hasta que quede suave. Añada gradualmente el azúcar de repostería, el jarabe de maíz y la leche no láctea, removiendo continuamente para mezclar. Remover enérgicamente hasta que quede muy suave. Utilizar inmediatamente para cubrir galletas y pasteles. Dejar reposar durante 2 horas antes de manipularla.

ESMALTE DE LIMÓN

RENDIMIENTO: 1 TAZA

Este glaseado, perfecto para cubrir la tarta de limón o para rociar las galletas de azúcar, se endurece rápidamente y debe prepararse justo antes de utilizarlo.

1 limón grande, cortado en rodajas finas

1 taza de azúcar

1½ a 2 tazas de azúcar glas

1 cucharadita de jarabe de maíz

- En una cacerola de 2 cuartos de galón a fuego medio, llevar las rodajas de limón y el azúcar a un hervor suave y dejar cocer durante 1 minuto. Retirar del fuego y colar el líquido en un bol mediano. Mezcle el azúcar de repostería y el jarabe de maíz hasta que esté suave y cremoso. Rocíe sobre los pasteles o galletas enfriados y deje reposar durante 1 hora antes de servir.

HIERBA REAL

RENDIMIENTO: 2 CUPS

Este glaseado tiene numerosos usos, desde la aplicación de decoraciones complejas en galletas hasta el pegado de casas de pan de jengibre. Prepare este glaseado justo antes de utilizarlo para facilitar su aplicación. Para obtener los mejores resultados, utilice una manga pastelera con una punta redonda pequeña.

2 tazas de azúcar en polvo

3 cucharadas de leche no láctea

1 cucharada de jarabe de maíz

- Ponga todos los ingredientes en un bol mediano y bátalos hasta que estén muy suaves. Utilizar inmediatamente.

ESPOLVOREADO DE ARCO IRIS

RENDIMIENTO: 2 CUPS

Los sprinkles DIY para pasteles y galletas son muy sencillos, y te dan la opción de hacer tus propios sprinkles utilizando colorantes alimentarios totalmente naturales.

1 receta de Royal Icing

4 o 5 colores diferentes de colorante alimentario, pasta o gotas

- Prepare el Royal Icing según las instrucciones de la receta y divídalo uniformemente en cuatro o cinco cuencos pequeños. Ponga 1 o 2 gotas de cada color en los cuencos individuales hasta conseguir los colores deseados. Coloque un color de glaseado en una manga pastelera con una punta redonda muy pequeña (o puede utilizar una bolsa de plástico con la punta de una esquina cortada). Coloque un chorro largo y delgado de glaseado sobre un tapete de silicona o una hoja de papel encerado. Repite la operación con todos los colores y deja que se sequen por completo. Una vez seco, utiliza un cuchillo afilado para cortar en pequeños jimmies.

GANACHE DE CHOCOLATE NEGRO

RENDIMIENTO: 2 CUPS

Esta deliciosa cobertura para tartas no podría ser más fácil de hacer, y sólo contiene dos ingredientes. Utilice el chocolate de mejor calidad que pueda conseguir para obtener un sabor excepcional. El ganache también es un relleno encantador entre los pasteles y las galletas, especialmente las obleas de vainilla.

¾ de taza de leche de coco entera

1½ tazas de chispas de chocolate no lácteo

- Calentar la leche de coco en un cazo pequeño a fuego medio hasta que empiece a burbujear. Retirar del fuego. Poner las chispas de chocolate en un bol pequeño y luego remover en la leche de coco caliente para derretir las chispas. Dejar enfriar hasta que se espese ligeramente.

SALSA DE CHOCOLATE NEGRO ENDIABLADA

RENDIMIENTO: 1 TAZA

El café expreso y el cacao en polvo se combinan para obtener una salsa pecaminosamente rica. Fácil de preparar, es ideal para servirla caliente sobre el helado, o rociada sobre las tartas de queso para darle un toque especial.

⅔ taza de cacao oscuro en polvo

½ cucharadita de café expreso en polvo

1⅔ tazas de azúcar

1¼ tazas de agua

1½ cucharaditas de extracto de vainilla

• En un cazo mediano, bata el cacao en polvo, el café expreso en polvo, el azúcar y el agua. A fuego medio, lleve la mezcla a ebullición y déjela cocer durante 1 minuto, sin dejar de remover. Retirar del fuego y añadir el extracto de vainilla. Deje que se enfríe antes de transferirlo a un recipiente hermético. Guárdelo en el frigorífico durante un máximo de 2 semanas y vuelva a calentarlo para servirlo caliente o utilícelo frío.

SALSA DE CARAMELO CALIENTE

RENDIMIENTO: 1½ CUPS

Mejor que la que se puede comprar en la tienda, esta salsa de caramelo caliente se conserva hasta 1 mes si se guarda en un recipiente hermético en la nevera.

1 taza de azúcar

⅓ taza de cacao en polvo

2 cucharadas de harina de arroz integral (mejor si es superfina)

2 cucharadas de aceite de coco

1 taza de leche no láctea

1 cucharadita de extracto de vainilla

- En una cacerola pequeña, bata todos los ingredientes y caliéntelos a fuego medio. Seguir removiendo mientras la mezcla se calienta, asegurándose de que no queden grumos al calentarse la mezcla. Reduzca la temperatura ligeramente y siga cocinando hasta que espese, durante unos 3 o 4 minutos. Remover bien justo antes de servir y disfrutar caliente.
- Guárdelo en un recipiente hermético en la nevera hasta 1 mes, y vuelva a calentarlo cuando lo necesite para cubrir el helado y otras delicias.

SALSA DE CARAMELO

RENDIMIENTO: 2 CUPS

La salsa de caramelo salada y dulce siempre ha sido mi aderezo favorito para el helado. Me gusta tener un bote guardado en la nevera para esos inevitables antojos de helado.

¼ de taza de margarina no láctea

1 taza de azúcar moreno envasado

¾ de taza de leche de coco entera en lata

½ cucharadita de extracto de vainilla

- Poner la margarina en un cazo de 2 cuartos a fuego medio y derretirla ligeramente. Añadir el azúcar moreno y calentar hasta que la margarina y el azúcar se hayan derretido por completo.
- Una vez licuado, añadir la leche de coco y el extracto de vainilla y remover bien. Continuar la cocción a fuego medio durante 9 minutos, removiendo a menudo. Apagar el fuego y dejar que se enfríe un poco. Batir bien y pasar a un tarro de cristal. Deje que se enfríe por completo antes de tapar el tarro y guardarlo en el frigorífico. Se conservará hasta 3 semanas.

SALSA DE CARAMELO

RENDIMIENTO: 1 TAZA

Esta salsa de caramelo fue creada para acompañar a la tarta de queso con caramelo , pero también es increíble sobre el helado, especialmente con chispas.

1 taza de azúcar moreno envasado

½ taza de margarina no láctea

¼ de taza de leche de almendras o de coco

1¼ cucharaditas de extracto de vainilla

- En una cacerola de 2 cuartos de galón, bata los ingredientes y caliéntelos a fuego medio. Cocinar, removiendo, justo hasta que la mezcla se haya espesado hasta obtener una consistencia de salsa de caramelo cremosa, durante unos 5 minutos. Guárdela en un recipiente hermético en el frigorífico durante un máximo de 2 semanas.

Capítulo 3

GALLETAS Y BARRAS CAUTIVADORAS

¿A *quién no le gustan* las galletas? Las hay de todas las formas, tamaños, texturas, sabores y colores, son fáciles de preparar y siempre gustan al público, sobre todo cuando no contienen algunos alérgenos comunes, como los lácteos, los huevos y el gluten.

Tal vez quieras invertir en unos cuantos tarros de galletas para albergar todas estas galletas y barritas. Si te pica el gusanillo de la repostería, las galletas son un regalo maravilloso.

GOLPEAR COOKIES

GALLETAS CLÁSICAS DE CHOCOLATE

RENDIMIENTO: 24 GALLETAS

Crujientes, masticables y crujientes, estas galletas de chocolate son como las que hace la tienda de galletas de la esquina. Asegúrate de dejarlas reposar durante al menos 30 minutos antes de sacarlas de la bandeja.

2 cucharadas de harina de linaza

4 cucharadas de agua

1 taza de margarina no láctea

1 taza de azúcar

1 taza de azúcar moreno envasado

1 cucharadita de extracto de vainilla

1 cucharadita de bicarbonato de sodio

2 cucharaditas de agua caliente

2 tazas de harina de sorgo

1 taza de harina de arroz integral

½ taza de harina de tapioca

1 cucharadita de goma xantana

1 taza de chispas de chocolate semidulce no lácteo

- Precaliente el horno a 375°F.
- En un tazón pequeño, mezcle la harina de linaza con el agua y déjela reposar durante al menos 5 minutos, o hasta que esté espesa. Bata la margarina y los azúcares hasta que esté suave. Añada el extracto de vainilla y la harina de linaza preparada. Mezcle el bicarbonato de sodio y el agua y añádalo a la mezcla de margarina.
- En un recipiente aparte, bata el resto de los ingredientes hasta los trozos de chocolate. Incorporar poco a poco las harinas a la mezcla de margarina hasta que se forme una masa grumosa. Debe ser pastosa, pero no pegajosa. Si está demasiado pegajosa, tendrá que añadir más harina de sorgo, aproximadamente una cucharada cada vez, hasta que se convierta en una masa suave.
- Formar la masa en cucharadas redondeadas y colocarlas en una bandeja de horno sin engrasar a unos 5 cm de distancia. Hornee en la rejilla del medio unos 11 minutos, o hasta que los bordes estén ligeramente dorados.
- Conservar en un recipiente hermético hasta 1 semana.

GALLETAS DE AVENA CON PASAS

RENDIMIENTO: 24 GALLETAS

Adictivamente fáciles, estas son siempre una adición bienvenida a una bandeja de galletas estándar. Si eres como yo de pequeño, puedes sustituir las pasas por pepitas de chocolate.

2 cucharadas de harina de linaza

¼ de taza de agua

1 taza de margarina no láctea

1 taza de azúcar moreno

1 cucharadita de extracto de vainilla

1 taza de harina de arroz integral

½ taza de fécula de patata

¼ de taza de harina de tapioca

1 cucharadita de goma xantana

1 cucharadita de polvo de hornear

3 tazas de avena certificada sin gluten

1 taza de pasas

• Precalentar el horno a 350°F. En un tazón pequeño, combine la harina de linaza con el agua y deje reposar durante 5 minutos, hasta que se gelifique.

• En un recipiente grande, mezcle la margarina y el azúcar hasta que esté suave. Añada el extracto de vainilla y la linaza preparada.

• En un bol mediano, bata la harina de arroz integral, la fécula de patata, la harina de tapioca, la goma xantana y la levadura en polvo. Incorporar a la mezcla de azúcar en polvo. Incorporar la avena y las pasas.

• Formar bolas de 1½ pulgadas con la masa y colocarlas en una bandeja de horno sin engrasar con una separación de unos 5 cm. Aplanar ligeramente y hornear en la rejilla central durante 15 minutos. Dejar enfriar completamente antes de servir. Guárdelo en un recipiente hermético hasta 1 semana.

GALLETAS DE MANTEQUILLA DE CACAHUETE PRETENCIOSAMENTE PERFECTAS

RENDIMIENTO: 24 GALLETAS

Para poder llamarse a sí mismo "perfecto" se necesita un buen poco de gusto, pero ¡hombre, oh hombre, estas galletas cumplen! Masticables, pero crujientes, y horneadas hasta que están gloriosamente doradas, también pueden ser perfectas galletas de mantequilla de almendras, anacardos o girasol si eres alérgico a los cacahuetes. Sólo tienes que cambiarla por otra mantequilla de frutos secos o semillas.

½ taza de margarina no láctea

¾ de taza de mantequilla de cacahuete suave

½ taza de azúcar

½ taza de azúcar moreno ligero envasado

1 cucharada de harina de linaza

2 cucharadas de agua

¾ de taza de harina de sorgo

¼ de taza de harina de tapioca

½ taza de fécula de patata

¾ de cucharadita de goma xantana

¾ de cucharadita de bicarbonato de sodio

- Precaliente el horno a 375°F.
- En un tazón grande, mezcle la margarina, la mantequilla de cacahuete y los azúcares hasta que esté suave. En un tazón pequeño, mezcle la harina de linaza con el agua y déjela reposar durante al menos 5 minutos, o hasta que esté espesa. Añadir a la mezcla de mantequilla de cacahuete.
- En un recipiente aparte, bata el resto de los ingredientes y luego incorpórelos gradualmente a la mezcla de mantequilla de cacahuete

hasta que se haya añadido todo y se forme una masa grumosa. Formar bolas de masa de 2,5 cm y aplanar las galletas con un tenedor, formando un patrón entrecruzado y presionando suavemente pero con firmeza. Colocarlas a 5 cm de distancia en una bandeja para galletas sin engrasar.

• Hornear durante 11 minutos. Retirar del horno pero dejar que permanezcan en la bandeja hasta que se enfríen por completo. Almacenar en un recipiente hermético hasta 2 semanas. También se pueden congelar muy bien.

SNICKERDOODLES

RENDIMIENTO: 24 GALLETAS

Algunos especulan que las Snickerdoodles tienen raíces alemanas, mientras que otros creen que el nombre "Snickerdoodle" era simplemente otro nombre de galleta caprichosa de la tradición de Nueva Inglaterra del siglo XIX. Independientemente del origen del nombre, estas galletas son otro de los favoritos de la infancia.

2 cucharadas de harina de linaza

4 cucharadas de agua

½ taza de margarina no láctea

½ taza de manteca no hidrogenada

1½ tazas de azúcar, más 4 cucharadas para amasar

1 cucharadita de extracto de vainilla

2 cucharaditas de cremor tártaro

2 cucharaditas de bicarbonato de sodio

½ cucharadita de sal

1 taza de harina de sorgo

1 taza de harina de mijo

¾ de taza de fécula de patata

1 cucharadita de goma xantana

1 cucharada de canela, para enrollar

- Precaliente el horno a 375°F.
- En un tazón pequeño, mezcle la harina de linaza con el agua y déjela reposar durante al menos 5 minutos, o hasta que esté espesa.
- Mezclar la margarina, la manteca y 1½ tazas de azúcar hasta que esté suave. Mezclar la harina de linaza preparada, el extracto de vainilla, el cremor tártaro, el bicarbonato y la sal.
- En un cuenco aparte, combinar la harina de sorgo, la harina de mijo, la fécula de patata y la goma xantana. Combine lentamente la mezcla de

harina con la de azúcar y mezcle enérgicamente (o utilice una batidora eléctrica a velocidad media-baja) hasta que se forme una masa firme.

- En otro tazón pequeño, combine las 4 cucharadas de azúcar con la canela.
- Forme bolas de masa de una pulgada y luego pase cada bola de masa por la mezcla de azúcar y canela.
- Colóquelas a 5 cm de distancia en una bandeja para galletas sin engrasar y hornéelas durante 9 minutos.
- Retirar del horno, espolvorear con un poco más de azúcar y dejar enfriar en la bandeja de horno durante unos 5 minutos.
- Pasar las galletas a una rejilla y dejar enfriar al menos 20 minutos más antes de manipularlas. Guardar en un recipiente hermético hasta 1 semana.

Estas tiernas galletas salpicadas de azúcar y canela necesitan mucho espacio al hornearse. Asegúrese de colocarlas a una distancia mínima de 5 centímetros en una bandeja para galletas o las galletas se fusionarán.

GALLETAS CON MEZCLA DE FRUTOS SECOS

RENDIMIENTO: 24 GALLETAS

Estas galletas tienen todos mis sabores favoritos de mezcla de frutos secos horneados en una galleta deliciosa. Las opciones de mezcla son infinitas. Prueba con pepitas, arándanos secos o incluso con tu mezcla de especias favorita para variar.

½ taza de mantequilla de cacahuete suave

½ taza de margarina no láctea

1½ tazas de azúcar turbinado

1 cucharadita de extracto de vainilla

3 cucharadas de harina de linaza

6 cucharadas de agua

¼ de cucharadita de sal

1 taza de harina de sorgo

½ taza de harina de arroz integral

¼ de taza de harina de almendra

½ taza de fécula de patata

¼ de taza de harina de tapioca

1 cucharadita de goma xantana

1 cucharadita de polvo de hornear

½ taza de coco rallado (endulzado)

1 taza de chispas de chocolate no lácteo

½ taza de almendras laminadas

½ taza de pasas

- Precalentar el horno a 375°F. En un bol grande, batir la mantequilla de cacahuete, la margarina, el azúcar y el extracto de vainilla hasta que quede suave. En un tazón pequeño, mezcle la harina de linaza con el agua y déjela reposar durante al menos 5 minutos, o hasta que esté espesa. Añada la harina de linaza preparada.

- En un bol aparte, batir la sal, la harina de sorgo, la harina de arroz integral, la harina de almendras, la fécula de patata, la harina de tapioca, la goma xantana y la levadura en polvo. Añadir gradualmente la mezcla de harina a la mezcla de mantequilla de cacahuete y mezclar hasta que se forme una masa.

- Doblar el coco , los chips de chocolate , las almendras y las pasas hasta que se incorporen.

- Colocar cucharadas redondas en una bandeja de horno sin engrasar con una separación de 5 cm. Aplastar ligeramente con el dorso de una cuchara y hornear durante 12 minutos, o hasta que los fondos estén dorados. Deje que se enfríen completamente en la rejilla antes de disfrutarlas. Guárdelas en un recipiente hermético hasta 1 semana.

Si utiliza un azúcar distinto al turbinado, es posible que tenga que añadir de 1 a 2 cucharadas de leche no láctea para que se forme una masa adecuada.

GALLETAS DE CALABAZA CON CHISPAS DE CHOCOLATE SÚPER SUAVES

RENDIMIENTO: 20 GALLETAS

Como su nombre indica, estas galletas son súper suaves y están llenas de calabaza. Me encanta hacerlas para las fiestas de Halloween, ¡ya que siempre se engullen rápidamente!

½ taza de margarina no láctea

1⅓ tazas de azúcar

1¼ tazas de puré de calabaza en lata (o fresco, bien escurrido en una gasa)

1 cucharadita de extracto de vainilla

1 cucharadita de polvo de hornear

½ cucharadita de bicarbonato de sodio

1 cucharadita de sal marina

1¼ tazas de harina de sorgo

¾ de taza de harina de arroz integral

½ taza de fécula de patata

¼ de taza de harina de tapioca

1 cucharadita de goma xantana

1 taza de chispas de chocolate no lácteo

- Precaliente el horno a 350°F.
- Mezclar la margarina y el azúcar. Una vez que esté suave, mezcle la calabaza.
- En un recipiente aparte, mezclar el resto de los ingredientes, excepto los trozos de chocolate. Incorporar lentamente la mezcla de harina a la de calabaza hasta que se mezcle. Incorporar las pepitas de chocolate.
- Colocar por cucharadas en una bandeja para galletas sin engrasar, a unos 5 cm de distancia. Hornee durante 17 minutos. Retirar del horno y dejar enfriar completamente antes de disfrutar. Almacenar en un recipiente hermético hasta 1 semana.

Si se utiliza calabaza fresca con estas, asegúrese de colar muy bien la calabaza para que quede muy poco líquido antes de añadirla a las galletas.

GALLETAS GARAM MASALA

RENDIMIENTO: 18 GALLETAS

Si crees que el garam masala sólo sirve para platos salados, ¡estas galletas te abrirán los ojos! Con notas cálidas de azúcar moreno, vainilla y la deliciosa mezcla de especias indias, ¿qué no puede gustar?

1 taza de margarina fría no láctea

¾ de taza de azúcar

¾ de taza de azúcar moreno

1 cucharadita de extracto de vainilla

2 cucharaditas de polvo de hornear

2 cucharaditas de garam masala

1 cucharadita de goma xantana

2 cucharadas de vinagre de sidra de manzana

¼ de taza de harina de almendra

1 taza de harina de trigo sarraceno

½ taza de harina de arroz blanco dulce

2 cucharadas de cacao en polvo, para espolvorear

- Precaliente el horno a 375°F. Mezclar la margarina y los azúcares. Añada el extracto de vainilla, la levadura en polvo, el garam masala y la goma xantana. Añada el vinagre y luego mezcle gradualmente todas las harinas, poco a poco, hasta que estén bien mezcladas.

- Con una cuchara, sacar bolas redondas y colocarlas en una bandeja de horno sin engrasar con una separación de unos 5 cm. Hornear durante unos 10 minutos, o hasta que las galletas se hayan aplanado completamente.

- Mientras están calientes, espolvorear un toque de cacao en polvo en cada galleta. Guárdelas en un recipiente hermético hasta 1 semana.

GALLETAS DE ARCE

RENDIMIENTO: 24 GALLETAS

Crujientes por dentro y pastosas por el medio, estas irresistibles galletas te harán echar mano al tarro de galletas una y otra vez con su seductor sabor a arce. Para una delicia extra-indulgente, cubre con el glaseado de Mini Maple Donuts.

1 cucharada de harina de linaza

2 cucharadas de agua

½ taza de margarina no láctea

½ taza de azúcar moreno

½ taza de jarabe de arce

1 cucharadita de extracto de arce

1 cucharadita de bicarbonato de sodio

1¾ tazas de harina de arroz integral superfina

1 taza de fécula de patata

¼ de taza de almidón de maíz

¼ de taza de harina de tapioca

1 cucharadita de goma xantana

½ cucharadita de sal

½ taza de azúcar turbinado

- Precaliente el horno a 350°F. Forrar una bandeja para galletas con papel pergamino. Mezclar la harina de linaza con el agua en un bol muy pequeño. Deje reposar durante 5 minutos, o hasta que esté gelificada.
- En un tazón grande, mezcle la margarina, el azúcar y el jarabe de arce hasta que esté esponjoso. Incorpore la harina de linaza preparada y el extracto de arce.
- En un tazón mediano, bata los ingredientes restantes, excepto el azúcar turbinado, y luego incorpórelos gradualmente a la crema de margarina hasta que se forme una masa suave. No mezcle en exceso.
- Formar bolas de una pulgada y pasarlas por el turbinado. Aplastar ligeramente con el dorso de un tenedor y hornear durante 15 minutos, girando la bandeja de galletas después de 10 minutos de horneado. Deje que se enfríen por completo antes de retirarlas de la bandeja de galletas. Conservar en un recipiente hermético hasta 1 semana.

SANDIAS DE PECÁN

RENDIMIENTO: 24 GALLETAS

Asegúrese de servirlo con un vaso alto y frío de leche de almendras o de arroz.

1 cucharada de harina de linaza

2 cucharadas de agua

½ taza de margarina no láctea

½ taza de aceite de oliva

½ taza de azúcar glas

½ taza de azúcar

1¼ tazas de harina de arroz integral

½ taza de fécula de patata

¼ de taza de harina de tapioca

1 cucharadita de goma xantana

½ cucharadita de bicarbonato de sodio

½ cucharadita de cremor tártaro

½ cucharadita de sal

1 taza de nueces picadas, más 24 nueces enteras para la cobertura

- Precaliente el horno a 375°F.
- Mezclar la harina de linaza con el agua en un bol muy pequeño. Dejar reposar durante 5 minutos, o hasta que esté gelificada. En un tazón grande, mezcle la margarina, el aceite, los azúcares y la harina de linaza preparada hasta que se mezclen.
- En otro bol, bata la harina de arroz integral, la fécula de patata, la harina de tapioca, la goma xantana, el bicarbonato de sodio, el cremor tártaro y la sal. Añadir la mezcla de harina a la mezcla de azúcar y remover bien para obtener una masa ligeramente aceitosa. Añadir las nueces picadas.
- Formar bolas de 1 pulgada, colocarlas a 2 pulgadas de distancia en una bandeja para galletas sin engrasar, y colocar una sola nuez en la parte superior de cada galleta. Hornee durante 11 minutos, o hasta que los bordes estén ligeramente dorados.
- Dejar enfriar completamente antes de servir. Guardar en un recipiente hermético hasta 1 semana.

MACARRONES DE CACAO

RENDIMIENTO: 24 GALLETAS

Estas sencillas galletas son empalagosas, pegajosas y masticables con una crujiente capa exterior. Perfectas para picar. Si quieres cambiar un poco, prueba el método australiano y coloca un poco de mermelada o una fruta -como una cereza seca- dentro de la masa de coco antes de hornear.

3 cucharadas de harina de linaza

¼ de taza + 2 cucharadas de agua

4 tazas de coco rallado azucarado

¼ de taza de cacao en polvo

½ taza de azúcar

½ cucharadita de sal

- Precalentar el horno a 350°F y forrar una bandeja para galletas con un tapete de silicona o papel pergamino.
- En un tazón pequeño, bata la harina de linaza y el agua y déjela reposar durante 5 minutos, hasta que se gelifique. En un tazón mediano, mezcle el resto de los ingredientes hasta que se mezclen. Añada la harina de linaza preparada y remueva bien hasta que se incorpore por completo. La masa será un poco difícil de apretar pero se mantendrá bien una vez horneada. Coloque cucharadas en la bandeja de galletas preparada y hornee de 15 a 18 minutos, hasta que esté fragante y ligeramente oscurecida.
- Dejar reposar al menos 1 hora antes de servir.

FLORENTINES

RENDIMIENTO: 12 GALLETAS

Aunque el nombre suena totalmente italiano, estas galletas probablemente se originaron en las cocinas francesas, y el nombre es simplemente un guiño a la ciudad toscana. Tan bonitas como sabrosas, no se deje intimidar por las florentinas; son muy fáciles de hacer. Asegúrese de dejar espacio extra entre cada galleta, ya que se extienden. Intente hacer unas seis por cada bandeja de galletas de tamaño estándar.

1¼ tazas de almendras laminadas

¼ de taza de harina de arroz integral superfina

⅓ taza de azúcar

4 cucharadas de margarina no láctea

¼ de taza de agave

¼ de cucharadita de sal

⅓ taza de chocolate no lácteo, derretido

2 cucharadas de cáscaras de naranja confitadas finamente picadas o ralladura de naranja

- Precaliente el horno a 350°F.
- En un bol mediano, combinar las almendras y la harina de arroz integral. En una cacerola pequeña, mezcle el azúcar, la margarina, el agave y la sal y llévelo a ebullición, removiendo a menudo. Retire inmediatamente del fuego y añada la mezcla a la de almendras. Mezclar hasta que esté totalmente combinada y dejar caer cucharadas colmadas en una bandeja para galletas forrada con pergamino, a unos 5 cm de distancia. Con un tenedor ligeramente engrasado, presione las galletas hasta formar un círculo plano, de modo que las almendras queden en una sola capa.
- Hornee durante 5 minutos, gire la bandeja de galletas y hornee de 4 a 5 minutos más, hasta que los bordes de las galletas estén dorados. Dejar enfriar completamente y luego rociar con chocolate derretido y espolvorear con cáscara de naranja. Deje que el chocolate se endurezca antes de servir. Guárdelo en un recipiente hermético hasta 1 semana.

GALLETAS CON HUELLA DACTILAR

RENDIMIENTO: 24 GALLETAS

Una encantadora galleta que es sencilla de hacer y fácil de ver. Espolvoree con azúcar glas una vez que se haya enfriado para una presentación elegante. Esta galleta funciona mejor con conservas de bajo contenido en azúcar (¡mis favoritas son las de albaricoque y frambuesa!) o con una mermelada de alto contenido en pectina. Otros tipos de mermelada pueden hacer que el relleno se extienda.

1 cucharada de harina de linaza

2 cucharadas de agua

1 taza de margarina no láctea

1 taza de azúcar

1 cucharadita de extracto de vainilla

1 cucharadita de polvo de hornear

1 taza de harina de sorgo

1 taza de fécula de patata

1 taza de harina de almendra

1 cucharadita de goma xantana

⅓ de taza de conservas (1 cucharadita por galleta)

- Precaliente el horno a 350°F.
- Mezclar la harina de linaza con el agua en un bol muy pequeño. Dejar reposar durante 5 minutos, o hasta que esté gelificada. Forrar una bandeja para galletas con papel pergamino o un tapete de silicona para hornear.
- Mezclar la margarina y el azúcar hasta que quede suave. Añadir la harina de linaza preparada y el extracto de vainilla y mezclar bien.
- En un bol aparte, combinar la levadura en polvo, la harina de sorgo, la fécula de patata, la harina de almendras y la goma xantana.
- Añadir poco a poco la mezcla de harina a la de azúcar hasta que se

forme una masa dura.

- Formar bolas de una pulgada y colocarlas en la bandeja de horno. Utiliza la parte de atrás de una ½ cucharilla (o tu pulgar) para hacer una hendidura en las galletas mientras las aplanas ligeramente.

- Rellenar cada galleta con un poco menos de una cucharadita de conservas. Hornear durante 15 minutos en el horno precalentado y dejar enfriar completamente. Guardar en un recipiente hermético hasta 4 días.

GALLETAS DE BODA MEXICANAS

RENDIMIENTO: 15 GALLETAS

Estas galletas delicadamente crujientes prácticamente se deshacen en la boca. También conocidas como pastas de té rusas o polvorones, no importa el nombre que utilices: una vez que las pruebes, nunca las olvidarás.

¾ de taza de margarina no láctea

½ taza de azúcar de repostería, más ¼ de taza para el rodillo

½ cucharadita de sal

1 taza de harina de almendra

1½ cucharaditas de extracto de vainilla

¾ de taza de harina de sorgo

½ taza de fécula de patata

¼ de taza de harina de tapioca

1 cucharadita de goma xantana

- Precalentar el horno a 325°F.
- En un tazón grande, mezcle la margarina y ½ taza de azúcar de repostería hasta que esté suave. Añadir la sal, la harina de almendra y el extracto de vainilla y mezclar bien. En otro bol, bata la harina de sorgo, la fécula de patata, la harina de tapioca y la goma xantana.
- Incorporar gradualmente la mezcla de harina a la de margarina hasta que se forme una masa grumosa. Formar bolas de una pulgada y colocarlas en una bandeja para galletas sin engrasar.
- Hornear de 17 a 20 minutos en el horno precalentado. Deje enfriar de 2 a 3 minutos y, a continuación, cubra toda la galleta con el azúcar glas adicional. Dejar enfriar completamente antes de servir. Guárdelo en un recipiente hermético hasta 2 semanas.

RACIMOS DE ARÁNDANOS, CHOCOLATE BLANCO Y NARANJA

RENDIMIENTO: 24 GALLETAS

Estos suaves racimos de cítricos aromáticos, arándanos picantes y chocolate blanco cremoso le harán echar mano al tarro de galletas una y otra vez.

2 cucharadas de harina de linaza

4 cucharadas de agua

½ taza de margarina no láctea

½ taza de compota de manzana sin azúcar

1 taza de azúcar

1 cucharadita de extracto de vainilla

½ cucharadita de ralladura de naranja

1 cucharadita de sal

1 cucharadita de bicarbonato de sodio

1½ tazas de harina de arroz integral superfina o normal

1 taza de almidón de maíz

½ taza de harina de tapioca

1 cucharadita de goma xantana

½ taza de arándanos secos

½ taza de chispas de chocolate blanco no lácteo

- Precaliente el horno a 375°F.
- En un bol pequeño, mezclar la harina de linaza y el agua y dejar reposar hasta que se gelifique, durante unos 5 minutos.
- En un tazón grande, mezcle la margarina, el puré de manzana, el

azúcar, el extracto de vainilla y la ralladura de naranja hasta que quede suave. En un bol mediano, bata la sal, el bicarbonato, la harina de arroz integral, la maicena, la harina de tapioca y la goma xantana. Incorporar gradualmente a la mezcla de azúcar hasta que se forme una masa suave. Incorporar los arándanos y los trozos de chocolate blanco.

- Colocar una cucharada en una bandeja para galletas forrada con pergamino, con una separación de unos 5 cm. Hornear de 12 a 15 minutos, hasta que se doren los bordes. Dejar enfriar completamente antes de servir. Guárdelo en un recipiente hermético hasta 1 semana.

GALLETAS DE DÁTILES

RENDIMIENTO: 24 GALLETAS

Los centros dulces y pegajosos están envueltos en una galleta blanda para ofrecerte una delicia suprema. Mi marido, que es un fanático de las galletas, está encantado con estos chicos y su irresistible textura. A mí me gustan especialmente porque son sencillas de preparar pero quedan muy bonitas cuando se hornean. Para las galletas sin soja, utilice yogur sin soja.

RELLENO

1¼ de taza de dátiles, deshuesados y finamente picados

½ taza de agua Pizca de sal

COOKIES

2 cucharadas de linaza molida

4 cucharadas de agua

1 taza de margarina no láctea

¾ de taza de azúcar

¾ de taza de azúcar moreno

⅓ taza de yogur natural sin azúcar y sin lácteos

1 cucharadita de extracto de vainilla

1¼ tazas de harina de sorgo

1 taza de harina de arroz integral superfina

¾ de taza de almidón de maíz

¼ de taza de harina de arroz blanco dulce

1 cucharadita de goma xantana

1¼ cucharaditas de bicarbonato de sodio

½ cucharadita de sal

- Poner los ingredientes del relleno en una cacerola de 2 cuartos y calentar a fuego medio, removiendo a menudo. Cocinar la mezcla durante 5 minutos, o hasta que espese. Reservar.
- Precalentar el horno a 400°F.
- En un bol pequeño, combine la harina de linaza con el agua y deje que se gelifique durante
5 minutos, o hasta que espese. En un tazón grande, mezcle la margarina y el azúcar hasta que esté suave. Añada la harina de linaza preparada, el yogur y el extracto de vainilla.
- En un bol aparte, bata el resto de los ingredientes. Incorporar poco a poco la mezcla de harina a la de azúcar hasta que se forme una masa grumosa.
- En una bandeja para galletas sin engrasar, deje caer una cucharada de la masa. A continuación, coloque una cucharadita del relleno de dátiles sobre la masa, y luego cubra con una cucharadita más de masa de galletas. Repita la operación con toda la masa y el relleno. Hornear durante 11 minutos; dejar enfriar completamente antes de servir. Guardar en un recipiente hermético hasta 1 semana.

GALLETAS DE MANTEQUILLA DE CACAHUETE Y CHOCOLATE SIN HORNEAR

RENDIMIENTO: 24 GALLETAS

Esta es una de las primeras recetas que aprendí a hacer cuando era niña, ¡y vaya que las hice mucho! Siempre fueron las favoritas por su rapidez y facilidad y su irresistible combinación de chocolate y mantequilla de cacahuete.

¼ de taza de cacao en polvo

2 tazas de azúcar

½ taza de leche de almendras

½ taza de margarina no láctea

½ taza + 3 cucharadas de mantequilla de cacahuete cremosa

1 cucharadita de extracto de vainilla

3½ tazas de avena certificada sin gluten

- Forrar una bandeja de galletas grande con papel pergamino.
- En una cacerola de 2 cuartos de galón, combine el cacao en polvo, el azúcar, la leche de almendras y la margarina. Llevar a ebullición a fuego medio, removiendo a menudo. Hervir durante exactamente 2 minutos y retirar del fuego. Incorporar inmediatamente la mantequilla de cacahuete y el extracto de vainilla. Incorporar los copos de avena y dejarlos caer a cucharadas en la bandeja de galletas preparada. Dejar reposar hasta que estén firmes, entre 1 y 2 horas. Guardar en un recipiente hermético hasta 1 semana.

GALLETAS DE CEREZA Y COCO SIN HORNEAR

RENDIMIENTO: 24 GALLETAS

Las cerezas ácidas combinan muy bien con la base de estas galletas no horneadas, perfectas para cuando tienes antojo de galletas, pero no quieres encender el horno.

2 tazas de azúcar

¼ de taza de aceite de coco

2 cucharaditas de extracto de vainilla

½ taza de leche no láctea

3 tazas de avena certificada sin gluten

⅓ taza de cerezas secas

½ taza de coco en copos sin azúcar

¼ de taza de harina de almendra

- Forrar una bandeja de galletas grande con papel pergamino.
- En una cacerola de 2 cuartos, a fuego medio, combinar el azúcar, el aceite de coco, el extracto de vainilla y la leche no láctea. Mientras se remueve con frecuencia, llevar la mezcla a ebullición. Una vez hirviendo, continuar la cocción a fuego medio, removiendo de vez en cuando, durante 1½ a 2 minutos. Retirar la mezcla del fuego y añadir la avena, las cerezas, el coco y la harina de almendras.
- Colocar las galletas a cucharadas en la bandeja preparada. Mientras las galletas aún están calientes, dales una forma redonda y uniforme con las yemas de los dedos ligeramente engrasados.
- Deje que las galletas se enfríen durante aproximadamente 1 hora a temperatura ambiente. Se endurecerán muy bien.
- Conservar en un recipiente hermético hasta 2 semanas.

GALLETAS EN BLANCO Y NEGRO

RENDIMIENTO: 12 GALLETAS

Si nunca ha probado una galleta blanca y negra, está de enhorabuena. Estas enormes bestias de limón tienen no uno, sino dos sabores de glaseado: chocolate *y* vainilla.

½ taza + 1 cucharada de margarina no láctea

¾ de taza de azúcar

½ cucharadita de aceite o extracto de limón

2 cucharaditas de sustituto del huevo en polvo (como Orgran) mezcladas con 2 cucharadas de agua

1 taza de harina de besan/garbanzos

½ taza de harina de arroz blanco

½ taza de fécula de patata

1 cucharadita de goma xantana

½ cucharadita de levadura en polvo

¼ de cucharadita de sal

⅔ taza de leche no láctea

1 receta de glaseado de chocolate

1 receta de glaseado de vainilla

- Precaliente el horno a 350°F. Forrar una bandeja para hornear grande con papel pergamino.
- Mezcle la margarina y el azúcar en un bol grande. Añadir el aceite de limón y el sustituto del huevo preparado. En otro bol, bata el besan, la harina de arroz blanco, la fécula de patata, la goma xantana, la levadura en polvo y la sal. Añádalo a la mezcla de margarina y luego añada la leche no láctea. Remover bien para combinar hasta que se

forme una masa de galletas esponjosa. Con una cuchara de helado, deje caer la masa en bolas de 3 onzas en la bandeja de galletas preparada, dejando unos 10 centímetros entre cada galleta. Tendrá que hacerlas en varias tandas ya que necesitan espacio para extenderse.

• Hornear durante 22 minutos, o hasta que los bordes estén ligeramente dorados. Retirar del horno y dejar enfriar completamente. Prepare el glaseado de vainilla y cubra una mitad de cada galleta con el glaseado de vainilla. Deje que se endurezca durante unos 20 minutos y prepare el glaseado de chocolate. Escarcha la otra mitad de cada galleta con el glaseado de chocolate. Deje que se endurezca completamente, durante unas 2 horas, antes de servir. Guardar en un recipiente hermético hasta 3 días.

PARGOS DE JENGIBRE

RENDIMIENTO: 24 GALLETAS

Más crujientes que el pan de jengibre, estos bocadillos tienen un gran sabor a jengibre en un bocado tan pequeño.

1 cucharada de harina de linaza

2 cucharadas de agua

1 taza de azúcar moreno ligero envasado

¾ de taza de aceite de oliva

¼ de taza de melaza

1 taza de harina de sorgo

¼ de taza de harina de arroz integral superfina

½ taza de fécula de patata

¼ de taza de harina de tapioca

1 cucharadita de goma xantana

2 cucharaditas de bicarbonato de sodio

1 cucharadita de sal

1 cucharadita de canela

2 cucharaditas de jengibre fresco rallado

½ cucharadita de clavo de olor

⅓ de taza de azúcar turbinado, para rodar

• En un tazón pequeño, combine la harina de linaza con el agua y deje reposar hasta que se gelifique, durante unos 5 minutos. Precaliente el horno a 375°F.

- En un bol grande, mezcle el azúcar moreno, el aceite de oliva, la melaza y la harina de linaza preparada.

- En un cuenco más pequeño, bata el resto de los ingredientes, excepto el azúcar turbinado, y, una vez mezclados, incorpórelos gradualmente a la mezcla de azúcar hasta que se forme una masa dura.

- Formar bolas de una pulgada y cubrirlas con azúcar turbinado. Aplanar ligeramente con el fondo de un vaso y hornear durante 13 minutos en el horno precalentado. Deje enfriar completamente antes de servir. Guárdelo en un recipiente hermético hasta 2 semanas.

GALLETAS DE LIMÓN Y ACEITE DE OLIVA

RENDIMIENTO: 24 GALLETAS

Tiernas y brillantes, estas galletas seguro que le encantarán. Utilice zumo de limón recién exprimido y aceite de oliva virgen extra para obtener los mejores resultados. Si la masa parece un poco blanda, asegúrese de enfriar durante unos 20 minutos en el frigorífico antes de hornearla para evitar que se extienda en exceso.

1 taza de harina de sorgo

¾ de taza de harina de arroz integral

½ taza de fécula de patata

¼ de taza de harina de almendra

1 cucharadita de goma xantana

1¼ tazas de azúcar

2 cucharaditas de bicarbonato de sodio

½ cucharadita de sal

2 cucharaditas de ralladura de limón

½ taza de aceite de oliva

½ taza de zumo de limón

Azúcar granulado para decorar

- Precaliente el horno a 350°F.

- En un cuenco grande, batir la harina de sorgo, la harina de arroz integral, la fécula de patata, la harina de almendras, la goma xantana, el azúcar, el bicarbonato y la sal. Mezclar la ralladura de limón, el aceite de oliva y el zumo de limón hasta que se forme una masa de galletas espesa.

- Coloque la masa en cucharadas colmadas o forme bolas del tamaño de una nuez y colóquelas a unos 5 centímetros de distancia en una bandeja para hornear sin engrasar.
- Aplastar ligeramente con un tenedor (como se haría con una galleta de mantequilla de cacahuete) y espolvorear ligeramente con azúcar granulado.
- Hornear en su horno precalentado durante 12 minutos, o hasta que los bordes estén ligeramente dorados.
- Retirar del horno y dejar enfriar completamente antes de servir. Guardar en un recipiente hermético hasta 1 semana.

GALLETAS ENROLLADAS Y CON FORMA

WAFERS DE VANILLA

RENDIMIENTO: UNAS 36 GALLETAS

Una oblea de vainilla es siempre una buena galleta para tener a mano por razones básicas, como hacer migas de galleta, usarla en trifles, y simplemente para picar. Utiliza el extracto de vainilla de mayor calidad que puedas conseguir para estas galletas, o mejor aún, hazlo tú mismo.

1 cucharada de harina de linaza

2 cucharadas de agua

5 cucharadas de margarina no láctea

1 taza de azúcar

1 cucharada de extracto de vainilla

¼ de taza de leche no láctea

¾ de taza de harina de sorgo

½ taza de harina de arroz blanco

½ taza de fécula de patata

¼ de taza de harina de tapioca

1 cucharadita de goma xantana

2 cucharaditas de polvo de hornear

¼ de cucharadita de sal

- Precalentar el horno a 350°F y forrar una bandeja de horno con papel pergamino.
- En un tazón pequeño, mezcle la harina de linaza y el agua y deje reposar hasta que se gelifique, durante unos 5 minutos.
- En un recipiente aparte, mezcle la margarina, el azúcar y el extracto de vainilla hasta que quede suave. Mezcle la harina de linaza preparada y la leche no láctea.

• En un tazón mediano, bata los ingredientes restantes y luego combínelos bien con la mezcla de margarina hasta que se forme una masa suave. Colocar en una bolsa de congelación grande y cortar la punta. Coloque círculos de 2,5 cm en la bandeja de hornear cubierta de pergamino con una separación de 2,5 cm. Hornee durante unos 20 minutos o hasta que los bordes estén dorados. Deje que se enfríe completamente antes de servir. Guárdelo en un recipiente hermético hasta 2 semanas.

BARQUILLOS DE CHOCOLATE

RENDIMIENTO: 36 GALLETAS

Tan versátiles como sus primos de vainilla, estos barquillos pueden llevar muchos sombreros. Coloque un poco de glaseado de caramelo entre dos galletas o añada una cucharadita de extracto de menta y sumérjalas en chocolate derretido para obtener unas finas mentas.

¾ de taza de margarina fría no láctea

1 taza de azúcar

1 taza de harina de sorgo

¾ de taza de cacao en polvo

½ taza de fécula de patata

1 cucharadita de goma xantana

¼ de cucharadita de bicarbonato de sodio

2 cucharadas de café fuerte

¼ de taza de cacao en polvo adicional

- Precaliente el horno a 350°F. Forrar una bandeja grande para galletas con papel pergamino o un tapete de silicona para hornear.
- En un cuenco grande, batir la margarina y el azúcar hasta que quede suave. En otro bol, bata la harina de sorgo, el cacao en polvo, la fécula de patata, la goma xantana y el bicarbonato. Incorporar los ingredientes secos a la mezcla de azúcar y mezclar hasta que se desmenuce. Añadir el café y mezclar hasta que se forme una masa suave.
- Incorporar gradualmente ¼ de taza de cacao en polvo y mezclar hasta que la masa sea manejable. Enfríe en el congelador de 5 a 10 minutos y luego pellizque secciones lo suficientemente grandes como para crear bolas de 1 pulgada. Coloque las bolas de masa en la bandeja para hornear preparada y aplástelas con el fondo de un vaso hasta que tengan un grosor de ¼ de pulgada. Hornee durante 16 minutos. Deje que se enfríe completamente antes de servir. Guárdelo en un recipiente hermético para que se conserve crujiente hasta 2 semanas.

GALLETAS DE AZÚCAR

RENDIMIENTO: 24 GALLETAS

A veces una galleta de azúcar básica es el mejor postre! El secreto de estas galletas es mantener la masa fría. A mí me gustan más enrolladas con un grosor de ¼ de pulgada, pero puedes enrollarlas un poco más finas si prefieres una galleta de azúcar más crujiente.

¾ de taza de margarina no láctea

½ taza de azúcar

½ taza de azúcar glas

3 cucharaditas de sustituto de huevo en polvo + 2 cucharadas de agua caliente, espumada con un tenedor

2 cucharadas de vinagre de sidra de manzana

1 cucharadita de extracto de vainilla 1 taza de harina de sorgo

½ taza de harina de arroz blanco

¾ de taza de fécula de patata

½ taza de harina de tapioca

1 cucharadita de goma xantana

1 cucharadita de polvo de hornear

- Mezclar la margarina y los azúcares hasta que esté suave. Mezclar el sustituto del huevo preparado junto con el vinagre y el extracto de vainilla.
- En un bol aparte, bata la harina de sorgo, la harina de arroz blanco, la fécula de patata, la harina de tapioca, la goma xantana y la levadura en polvo. Combinar gradualmente la mezcla de harina con la mezcla de margarina hasta que se forme una masa grumosa. Si la masa parece demasiado pegajosa, añada un poco más de harina de sorgo... debe ser fácilmente manejable con las manos, pero un poco pegajosa. Forme una hamburguesa, envuélvala en plástico y enfríela hasta que se enfríe, durante aproximadamente 1 hora en el frigorífico y 15 minutos en el congelador.

- Cuando la masa esté fría, precaliente el horno a 400°F. Coloque la encimera u otra área de trabajo con papel pergamino y, con un rodillo ligeramente enharinado (cualquier tipo de harina servirá), extienda la masa entre ⅓ y ½ pulgada de grosor. Corta con tus cortadores de galletas favoritos y utiliza una espátula de metal plana para levantar las galletas y colocarlas en una bandeja de galletas sin engrasar. Repita la operación hasta utilizar toda la masa. Si la masa parece estar un poco blanda y se pega a su alfiler, vuelva a enfriar hasta que vuelva a ser manejable.

- Hornear las galletas de 7 a 8 minutos, o hasta que estén ligeramente doradas en los bordes.

Retirar del horno y dejar enfriar completamente antes de manipular. Guardar en un recipiente hermético hasta 1 semana.

- Una vez que se hayan enfriado por completo, cómelos tal cual o cúbrelos con glaseado. El glaseado real funciona muy bien en este caso. Haz un anillo alrededor del exterior de la galleta y deja que se endurezca antes de rellenarlo con el glaseado. Esto asegurará una capa uniforme de glaseado en la parte superior sin goteos.

PAN DE MANTEQUILLA

RENDIMIENTO: UNAS 20 GALLETAS

Las galletas de mantequilla solían considerarse un manjar y se reservaban para ocasiones especiales, como la Navidad o las bodas. Pero no es necesario esperar a las fiestas, sino que puede preparar estas galletas en cualquier momento que le apetezca. Estas sencillas galletas pueden ser más elegantes si las horneas en moldes de shortbread y sumerges los extremos en chocolate derretido.

1 cucharada de harina de linaza

2 cucharadas de agua

½ taza + 2 cucharadas de margarina no láctea

½ taza de azúcar

1 cucharadita de extracto de vainilla

¾ de taza de harina de sorgo

¼ de taza de harina de arroz integral

¼ de taza de harina de tapioca

½ taza de almidón de arrurruz

¼ de taza de harina de arroz blanco dulce

1 cucharadita de goma xantana

½ taza de chispas de chocolate no lácteo, derretidas, para mojar (opcional)

- En un tazón pequeño, combine la harina de linaza con el agua y déjela reposar hasta que se gelifique, durante unos 5 minutos. En un tazón grande, mezcle la margarina y el azúcar hasta que esté suave. Añadir la harina de linaza preparada y el extracto de vainilla y mezclar hasta que se combinen.
- En un bol aparte, batir la harina de sorgo, la harina de arroz integral, la harina de tapioca, el almidón de arrastre, la harina de arroz blanco dulce y la goma xantana. Incorporar poco a poco a la mezcla de azúcar hasta que se forme una masa grumosa. La masa puede ser desmenuzable al principio, pero deje que se mezcle durante el tiempo suficiente para que se una.

- Envuelve la masa en papel pergamino y enfríala durante unos 30 minutos en el congelador. La masa debe estar fría, pero manejable; si está demasiado desmenuzada una vez sacada del congelador, trabajarla un poco con las manos para ablandarla.

- Precaliente el horno a 350°F.

- Forme un disco con la masa y colóquelo entre dos láminas de plástico y extiéndalo hasta obtener un grosor de ¼ de pulgada. Cortar con un raspador de banco en cuadrados de 2 pulgadas, o utilizar un cortador de galletas en forma de círculo, y colocar en una bandeja de galletas sin engrasar. Hornee durante 12 minutos, o hasta que las partes inferiores estén ligeramente doradas. Deje que se enfríen completamente antes de sacarlas de la bandeja. En este punto, si lo desea, puede sumergir las galletas en chocolate derretido y dejarlas reposar en una hoja de papel encerado. Guárdelas en un recipiente hermético hasta 2 semanas.

GALLETAS DE CHOCOLATE

RENDIMIENTO: 12 GALLETAS

Como el shortbread tradicional, pero mucho más chocolatoso. A mí me gusta cortarlas en forma de barritas, pero no dudes en darles la forma que desees con cortadores de galletas de metal.

1 taza de margarina no láctea

½ taza + 2 cucharadas de azúcar, más ¼ de taza para amasar

½ taza de cacao en polvo

¾ de taza de harina de sorgo

¾ de taza de harina de arroz integral

½ taza de fécula de patata

1 cucharadita de goma xantana

- Mezclar la margarina y ½ taza + 2 cucharadas de azúcar hasta que quede suave. Con una batidora eléctrica, o mezclando rápidamente con una cuchara, añadir gradualmente el cacao en polvo.
- En un bol aparte, combinar la harina de sorgo, la harina de arroz integral, la fécula de patata y la goma xantana. Añadir la mezcla de harina a la mezcla de azúcar (poco a poco) hasta que se incorpore todo.
- Siga mezclando hasta que se forme una masa dura, raspando los lados cuando sea necesario. Al principio parecerá desmenuzada, pero se unirá bien con un poco de mezcla. Con las manos, forme un disco con la masa sobre una superficie ligeramente azucarada y póngala a enfriar en el frigorífico de 2 a 3 horas.
- Cuando esté listo para hornear las galletas, precaliente el horno a 300°F.
- Utilice un cuchillo grande para cortar la masa en rectángulos uniformes, de aproximadamente 1 × 4 pulgadas. Con una espátula metálica plana, recoja las galletas y colóquelas en una bandeja de horno sin engrasar. Espolvoree con azúcar granulada y luego haga algunos agujeros en la parte superior con un tenedor. Hornee de 30 a 35 minutos. Deje que se enfríe completamente antes de servir. Guárdelas en un recipiente hermético hasta 2 semanas.

SPECULOOS

RENDIMIENTO: 24 GALLETAS

Estas galletas han sido mis favoritas mucho antes de saber lo que era un speculoos. Aprendí este término en el mundo de los blogs veganos, pero pronto me di cuenta de que había sido uno de mis favoritos desde la infancia, sólo que conocía estas delicias picantes como "galletas de molino". Siéntase libre de extenderlas en forma plana y cortarlas con cortadores de molinillo de viento para compartir mi nostalgia.

1 cucharada de harina de linaza

2 cucharadas de agua

1 taza de harina de sorgo

¼ de taza de harina de tapioca

¼ de taza de fécula de patata

½ taza + 2 cucharadas de harina de almendra

1 cucharadita de goma xantana

1 cucharadita de polvo de hornear

1 cucharadita de canela

¼ de cucharadita de clavo de olor

¼ de cucharadita de nuez moscada

¼ de cucharadita de jengibre fresco molido

¼ de cucharadita de sal

½ taza de margarina no láctea

¾ de taza de azúcar moreno ligero envasado

Azúcar extra para espolvorear (opcional)

Almendras laminadas para cubrir

- En un bol pequeño, combine la harina de linaza con el agua y déjela reposar hasta que se gelifique, durante unos 5 minutos.

- En un bol grande, bata todos los ingredientes de la harina (hasta la margarina) hasta que estén bien mezclados. En otro recipiente, mezclar la margarina y el azúcar moreno hasta obtener una mezcla homogénea. Incorporar la harina de linaza preparada hasta obtener una mezcla homogénea. Añadir gradualmente la mezcla de harina y mezclar durante unos 45 segundos a velocidad media hasta que la masa se agrupe. Enfriar en el congelador durante 40 minutos, o hasta que esté firme, o bien enfriar en el frigorífico durante toda la noche.
- Precaliente el horno a 350°F.
- Una vez que la masa se haya enfriado, utilice las manos para formar bolas de 2,5 cm de ancho y colóquelas en una bandeja de horno sin engrasar. Aplástelas con la base de un vaso ligeramente humedecido y mojado en azúcar granulado. Cubra con unas cuantas almendras fileteadas y hornee en el horno precalentado durante 15 minutos. Dejar enfriar en la bandeja de horno antes de intentar moverlo. Una vez fríos, páselos a una rejilla para que se endurezcan por completo.
- Conservar en un recipiente hermético hasta 5 días.

MANTEQUILLA DE SPECULOOS

RENDIMIENTO: UNAS 2 TAZAS

Esta mantequilla de galleta se ha apoderado de la nación de proveedores como Trader Joe's popularizándola al extremo ... ¡pero nunca he encontrado una en las tiendas que sea libre de gluten! Así que tuve que hacer la mía propia, y vaya que me alegro de haberlo hecho. Pruebe esta "mantequilla" encima de magdalenas, más galletas, helado, o simplemente una cuchara.

24 galletas Speculoos

3 cucharadas de agua

½ taza de aceite de coco derretido

- Colocar las galletas en un procesador de alimentos y pulsar hasta que estén muy desmenuzadas. Asegúrese de que las migas estén bien picadas. Añada el agua, una cucharada cada vez, y pulse hasta que esté bien mezclada. Añada el aceite de coco y deje que se mezcle hasta que esté muy suave, durante unos 5 minutos, raspando los lados cuando sea necesario. Pasar a un tarro y guardar en el frigorífico. Se puede conservar hasta 2 semanas.

PIZZELLES

RENDIMIENTO: 18 GALLETAS

Estas galletas son deliciosas por sí solas, pero también son un acompañamiento fabuloso para el helado, especialmente cuando se les da forma de conos de gofre. Para convertir estas galletas en conos de gofre caseros, necesitará una prensa para pizzetas, que puede adquirir en cualquier tienda de artículos para el hogar. Cuando estén calientes al tacto, déle forma de cono a los discos de galleta, colóquelos dentro de un cuenco pequeño para hacer cuencos de gofres; o déjelos planos para obtener las clásicas galletas pizzelle.

3 cucharadas de harina de linaza

6 cucharadas de agua

1 taza de harina de arroz blanco

½ taza de fécula de patata

¼ de taza de harina de tapioca

2 cucharaditas de polvo de hornear

1 cucharadita de goma xantana

1 cucharadita de extracto de vainilla

1 taza de margarina no láctea derretida

¼ de taza de agua

- Precaliente la prensa para pizzetas y engrase ligeramente con aceite o spray antiadherente justo antes de la primera tanda, y repita con moderación según sea necesario.

- En un bol pequeño, mezclar la harina de linaza con el agua y dejar reposar durante 5 minutos, hasta que se gelifique. En un bol mediano, bata la harina de arroz, la fécula de patata, la harina de tapioca, la levadura en polvo y la goma xantana. Haga un hueco en el centro de las harinas y añada el extracto de vainilla, la margarina derretida, la harina de linaza preparada y el agua. Mezclar hasta que esté suave. Coloque aproximadamente una cucharada de masa en la prensa caliente y apriétela para cerrarla. Cocine hasta que se dore y luego retire con cuidado.

- Para hacer los conos de galleta: Con un guante de horno o con las manos enguantadas a prueba de calor, dar forma de cono a las galletas y colocarlas en un lugar seguro para que se enfríen, durante aproximadamente 1 hora. Vigile que no se deshagan antes de enfriarse o se quedarán pegadas en esa forma. Deje que se enfríen por completo y luego sírvalas con su golosina congelada favorita. Guárdelos en un recipiente hermético hasta 3 semanas.

GALLETAS SNOW CAP

RENDIMIENTO: 24 GALLETAS

Estas galletas son un clásico junto a las de chispas de chocolate y las de mantequilla de cacahuete. Esta versión incluye harina de teff, que cuenta con un perfil nutricional bastante impresionante para un grano tan pequeño, ya que tiene un alto contenido en proteínas, hierro, calcio y potasio.

3 cucharadas de harina de linaza

6 cucharadas de agua

1 taza de cacao en polvo

½ taza de harina de teff

¾ de taza de harina de sorgo

¼ de taza de harina de tapioca

½ taza de fécula de patata

1 cucharadita de goma xantana

2 cucharaditas de polvo de hornear

½ cucharadita de sal 2 tazas de azúcar

½ taza de manteca no hidrogenada derretida

¼ de taza de leche no láctea

½ taza de azúcar glas

- En un bol pequeño, combine la harina de linaza con el agua y déjela reposar hasta que se gelifique, durante unos 5 minutos.
- En un bol grande, bata el cacao en polvo, la harina de teff, la harina de sorgo, la harina de tapioca, la fécula de patata, la goma xantana, la levadura en polvo, la sal y el azúcar. Sin dejar de batir, o a velocidad media de una batidora eléctrica, añada la harina de linaza preparada y la manteca hasta que se forme una masa desmenuzable. Mezcle bien para que se integre. Añada la leche no láctea sin dejar de remover y siga mezclando hasta que la masa se agrupe fácilmente.

- Envuelva la masa en papel de pergamino o papel de aluminio y póngala a enfriar en la nevera durante 2 horas.
- Una vez que se haya enfriado, forme bolas pequeñas de aproximadamente 1½ pulgadas de ancho y aplástelas ligeramente para que parezcan pequeños discos.
- Precaliente el horno a 350°F.
- Rebozar la parte superior sólo en azúcar glas y colocarla en una bandeja de horno sin engrasar. Hornee durante 12 minutos, o hasta que se extiendan y se agrieten. Los centros seguirán siendo pegajosos mientras estén calientes. Deje que se enfríen completamente antes de disfrutarlos. Guárdelo en un recipiente hermético hasta 1 semana.

GALLETAS DE SÁNDWICH DE ESMOQUIN

RENDIMIENTO: UNAS 20 GALLETAS

Estas galletas saben igual que la galleta de sándwich favorita de Estados Unidos; un toque de naranja añade una nota elegante. Incluso se puede quitar la parte superior y disfrutar sólo del relleno. Mojadas en leche de almendras se convierten en el remedio perfecto para los bajones del mediodía.

COOKIES

1 taza de margarina no láctea

¾ de taza de azúcar

¼ de taza de azúcar moreno

1 cucharadita de extracto de vainilla

¾ de taza de cacao oscuro en polvo

½ taza de harina de arroz integral superfina

1 taza de harina de sorgo

½ taza de fécula de patata

1½ cucharaditas de goma xantana

1 cucharadita de sal

1 cucharadita de polvo de hornear

½ cucharadita de bicarbonato de sodio

RELLENO

1½ cucharadas de ralladura de naranja

½ taza de mantequilla para untar a base de coco muy fría (la manteca también funciona)

½ taza de margarina no láctea

3½ tazas de azúcar de repostería

- Mezclar la margarina y el azúcar y añadir el extracto de vainilla. En otro bol, bata el cacao en polvo, la harina de arroz integral superfina, la harina de sorgo, el almidón de patata, la goma xantana, la sal, la levadura en polvo y el bicarbonato.

- Incorporar gradualmente las harinas con la mezcla de margarina hasta que se forme una masa oscura y grumosa. Dividir y formar dos discos. Enfriar en la nevera durante 2 horas, o brevemente en el congelador, durante unos 10 minutos.

- Una vez que la masa se haya enfriado, precaliente el horno a 350°F y forre dos bandejas para galletas con papel pergamino.
- En una superficie plana, coloque cada disco de masa enfriado entre dos hojas de papel pergamino y extienda cada disco hasta que tenga un grosor de ⅛ de pulgada. Utilizando un cortador de galletas redondo de 2 pulgadas, corte círculos de masa y transfiéralos a las bandejas de galletas preparadas. Hornee durante 13 minutos y deje que se enfríe completamente antes de poner el relleno entre dos de las galletas.

- Para hacer el relleno, sólo hay que mezclar todos los ingredientes del glaseado con una batidora eléctrica con el accesorio para batir. Bata hasta que esté esponjoso y luego coloque un anillo en una galleta y aplique otro hasta que se forme una capa uniforme de glaseado en el centro. Guárdelo en un recipiente hermético hasta 1 semana.

GALLETAS DE CARAMELO DE COCO

RENDIMIENTO: 24 GALLETAS

Al igual que las galletas Girl Scouts cubiertas de coco que son a la vez masticables y crujientes, estos brillantes bocados utilizan dátiles Medjool para sustituir el caramelo, añadiendo un poco de bondad extra.

COOKIES

1 taza de margarina no láctea

1 cucharadita de extracto de vainilla

½ taza de azúcar

1 taza de harina de sorgo

¾ de taza de harina de arroz integral superfina

¾ de taza de fécula de patata

1½ cucharaditas de goma xantana

TOPPING

20 dátiles Medjool, sin hueso

4 cucharadas de margarina no láctea

1 cucharadita de extracto de vainilla

½ cucharadita de sal marina

3 cucharadas de agua

2 tazas de coco rallado tostado

2 tazas de chocolate no lácteo picado

- Mezclar la margarina, el extracto de vainilla y el azúcar hasta que esté suave. En un bol aparte, mezclar la harina de sorgo, la harina de arroz integral, la fécula de patata y la goma xantana.
- Con una batidora eléctrica, incorpore lentamente la mezcla de harina a la mezcla de margarina y bata a velocidad media-baja durante unos 2 minutos, raspando los lados cuando sea necesario para formar una masa dura. Presione la masa en forma de disco y póngala a enfriar en el

frigorífico durante una hora o en el congelador durante unos 30 minutos.

- Precalentar el horno a 300°F.

- Una vez que la masa se haya enfriado, extiéndala con cuidado sobre papel pergamino. Cuanto más se caliente la masa, más blanda quedará. Estirar hasta que tenga un grosor de ½ pulgada. Con un cortador de galletas circular de 1½ pulgadas, cortar tantos círculos como sea posible, guardando los restos, volviendo a enfriar y enrollando hasta que no quede masa. Cortar los centros de las galletas con un cortador de galletas circular pequeño, o con la parte posterior de una punta para hacer hielo.

- Coloque las galletas con cuidado en una bandeja para galletas cubierta de pergamino y hornee de 30 a 35 minutos, o hasta que los bordes estén ligeramente dorados. Deje que se enfríen completamente antes de sacarlas de la bandeja.

- Ponga los dátiles, la margarina, el extracto de vainilla, la sal marina y el agua en un procesador de alimentos y mezcle hasta que quede muy suave, raspando los lados con frecuencia. Incorporar el coco tostado. Pasar la mezcla a una manga pastelera con una punta muy ancha. Coloque un anillo de relleno con cuidado sobre las galletas y presione suavemente con los dedos ligeramente engrasados. Colóquelo boca abajo sobre un trozo de papel encerado o un tapete de silicona.

- Poner el chocolate en un bol al baño María y calentarlo a fuego medio-bajo hasta que se derrita. Pincelar la parte superior de las galletas invertidas con el chocolate derretido para cubrirlas completamente. Deje que el chocolate se endurezca y luego dé la vuelta a las galletas. Rocíe con rayas de chocolate y deje que se endurezca de nuevo. Guárdelo en un recipiente hermético hasta 1 semana.

GALLETAS DE SÁNDWICH DE LIMÓN

RENDIMIENTO: 24 GALLETAS

Estas galletas de ensueño, con barquillos crujientes y relleno cremoso, son un maravilloso acompañamiento para la manzanilla o el té verde.

COOKIES

1 cucharada de harina de linaza

2 cucharadas de agua

1⅓ tazas de harina de arroz integral superfina

½ taza de harina de sorgo

¼ de taza de harina de tapioca

½ taza de fécula de patata

1½ cucharaditas de goma xantana

¾ de cucharadita de levadura en polvo

½ cucharadita de sal

1 taza de azúcar

½ taza de margarina no láctea

¼ de taza de zumo de limón

Ralladura de 1 limón

RELLENO

1 cucharadita de ralladura de limón

1 cucharada de zumo de limón

½ taza de manteca

½ taza de margarina no láctea

3½ tazas + 2 cucharadas de azúcar glas

- En un bol pequeño, combine la harina de linaza con el agua y déjela reposar hasta que se gelifique, durante unos 5 minutos.

- En un bol mediano, bata la harina de arroz integral superfina, la harina de sorgo, la harina de tapioca, la fécula de patata, la goma xantana, la levadura en polvo y la sal.

- En un cuenco grande, cremar el azúcar y la margarina hasta que esté suave. Añadir la harina de linaza preparada, el zumo de limón y la ralladura de limón y mezclar bien. Incorporar lentamente la mezcla de harina y remover bien hasta que se forme una masa dura. Dividir la masa en dos discos del mismo tamaño y enfriar durante al menos 1 hora en el frigorífico.

- Cuando la masa esté fría, precaliente el horno a 375°F. Extienda una sección de masa entre dos hojas de papel pergamino hasta que tenga un grosor de ¼ de pulgada. Usando un cortador de galletas circular, corte las galletas y colóquelas en una bandeja para galletas sin engrasar. Repita la operación hasta que haya utilizado toda la masa, enfriando la masa si está demasiado blanda para trabajarla.

- Hornear en el horno precalentado durante 9 minutos. Dejar enfriar completamente. Hacer el relleno mezclando todos los ingredientes en una batidora a alta velocidad hasta que estén bien combinados. Ponga el relleno en la parte posterior de una galleta y únala con otra. Repita la operación hasta rellenar todas las galletas.

- Deje que las galletas se asienten durante al menos 1 hora para obtener un mejor sabor y textura. Guardar en un recipiente hermético hasta 1 semana.

GALLETAS DE JENGIBRE ENROLLADAS

RENDIMIENTO: 24 GALLETAS

El jengibre fresco rallado hace que estas galletas brillen. Siéntase libre de cortar estos pequeños (o chicas) en cualquier forma que desee. Hazlas más gruesas para obtener galletas más suaves, y más finas para obtenerlas más crujientes.

1 cucharada de harina de linaza

2 cucharadas de agua

½ taza de margarina no láctea

½ taza de azúcar

½ taza de melaza

1 cucharadita de jengibre fresco rallado

1 cucharadita de canela

½ cucharadita de nuez moscada

½ cucharadita de clavo de olor

1¾ tazas de harina de trigo sarraceno, divididas

¾ de taza de fécula de patata

¼ de taza de harina de tapioca

1 cucharadita de goma xantana

½ cucharadita de sal

• En un tazón pequeño, mezcle la harina de linaza y el agua y deje reposar durante 5 minutos, hasta que se gelifique.

• En un tazón grande, mezcle la margarina, el azúcar, la melaza, el jengibre y la harina de linaza preparada. En otro bol, bata las especias, 1 taza de harina de trigo sarraceno, la fécula de patata, la harina de tapioca, la goma xantana y la sal. Añadir a la mezcla de azúcar y mezclar hasta que se forme una masa. Añadir hasta ¾ de taza de harina de trigo sarraceno adicional, hasta que se forme una masa suave y fácil de manejar. Forme un disco con la masa y envuélvalo en papel pergamino. Colocar en el congelador y enfriar durante 30 minutos.

- Cuando la masa esté fría, precaliente el horno a 350°F. Divida la masa por la mitad y extienda una mitad de la masa (mientras se enfría la otra mitad) con un grosor de aproximadamente ¼ de pulgada. Trabaje rápido para que la masa se mantenga fría; cuanto más se caliente la masa, más se pegará. Una vez extendida, utilice sus cortadores de galletas favoritos para cortar formas y coloque las galletas cortadas directamente en una bandeja para hornear cubierta de pergamino. Hornea durante 9 minutos. Repite la operación con el resto de la masa y deja que se enfríe.

- Decorar con Royal Icing. Guardar en un recipiente hermético hasta 2 semanas.

GALLETAS RELLENAS DE HIGO

RENDIMIENTO: 24 GALLETAS

Estas deliciosas galletas, similares a las barras de higo comerciales, son sustanciosas y no demasiado dulces. La clave de estas galletas es mantener la masa súper fría. Aconsejo enfriar después de cada laminado y moldeado para garantizar que las galletas no se peguen, se enrollen uniformemente y no se frustren.

MASA DE GALLETAS

1½ cucharadas de harina de linaza

3 cucharadas de agua

⅔ taza de margarina fría no láctea

1 taza de azúcar

1 cucharadita de extracto de vainilla

1⅔ tazas de harina de arroz integral

⅔ taza de fécula de patata

⅓ taza de harina de tapioca

1 cucharadita de goma xantana

2½ cucharaditas de polvo de hornear

⅓ taza de leche no láctea

Harina de arroz integral adicional para enrollar

RELLENO

2¼ tazas de higos secos, sin la parte superior

¼ de taza de pasas

1 cucharadita de ralladura de naranja

1 manzana pequeña, cortada en dados

½ taza de nueces

3 cucharadas de azúcar

1 cucharadita de canela

- En un tazón pequeño, combine la harina de linaza con el agua y deje reposar durante unos 5 minutos, hasta que se gelifique.

- En un tazón grande, mezcle la margarina y el azúcar hasta que esté suave. Añada el extracto de vainilla y la harina de linaza preparada.

- En otro bol más pequeño, bata la harina de arroz integral, la fécula de patata, la harina de tapioca, la goma xantana y la levadura en polvo. Añadir gradualmente la mezcla de harina a la mezcla de azúcar y remover bien para combinar. Añadir la leche no láctea y mezclar hasta que se forme una masa suave. Espolvorear ligeramente con harina de arroz integral si está pegajosa. Envolver en papel pergamino y enfriar en el congelador durante unos 15 minutos, hasta que se enfríe.

- Poner todos los ingredientes del relleno en un procesador de alimentos y pulsar hasta que estén finamente desmenuzados y pegajosos, raspando los lados del bol según sea necesario.

- Precaliente el horno a 375°F.

- Tome alrededor de un tercio de la masa enfriada y extiéndala (entre dos hojas de papel pergamino) en un rectángulo de aproximadamente 3½ pulgadas de ancho y alrededor de
¼ de pulgada de espesor. Enfríe brevemente, durante unos 5 minutos en el congelador. Extienda una serpiente larga de relleno, como si fuera arcilla, de aproximadamente 1 pulgada de ancho, y colóquela en el centro del rectángulo. Doble cada lado de la masa, como si estuviera envolviendo un regalo, utilizando el pergamino para ayudar a enrollarla y sellarla suavemente con la punta de los dedos. Deberá tener un tubo de masa ligeramente plano y largo con relleno de higos.

- Enfríe de nuevo brevemente, durante unos 5 minutos. Dar la vuelta a la masa rellena para ocultar la costura de la parte inferior.

- Con una cuchilla plana muy limpia y afilada, corte en secciones de 2 pulgadas, de modo que acabe con formas que se parezcan a una variedad popular de galletas de higo compradas en la tienda. Colóquelas a 5 cm de distancia en una bandeja para galletas forrada con pergamino. Hornee de 15 a 17 minutos o hasta que los bordes estén ligeramente dorados. Guárdelas en un recipiente hermético hasta 1 semana.

SPRINGERLES

RENDIMIENTO: 30 GALLETAS

Estas galletas saben de maravilla con o sin el uso de un molde Springerle, así que no dudes en dejarlas planas por encima si no tienes moldes a mano.

¾ de taza de margarina no láctea

1 taza de azúcar

1 cucharadita de extracto de anís

2½ cucharaditas de sustituto de huevo en polvo, como Orgran o EnerG, mezclado con 3 cucharadas de agua

1 taza de harina de arroz integral superfina

½ taza de harina de mijo

1 taza de fécula de patata

¼ de taza de harina de tapioca

1 cucharadita de goma xantana

1 cucharadita de polvo de hornear

½ cucharadita de bicarbonato de sodio

¼ de cucharadita de sal

• Precalentar el horno a 350°F. En un tazón grande, mezcle la margarina, el azúcar y el extracto de anís. Añada el sustituto del huevo preparado.

• En un bol aparte, bata el resto de los ingredientes. Añadir gradualmente a la mezcla de margarina y mezclar muy bien hasta que se forme una masa grumosa. Estirar la masa hasta que tenga un grosor de ½ pulgada. Espolvorear ligeramente un molde Springerle con harina de arroz integral superfina, hacer un dibujo en la parte superior de la masa y luego cortar las galletas al tamaño deseado con un cuchillo. Transfiera con cuidado a una bandeja para hornear sin engrasar. Dejar reposar durante 1 hora y luego hornear durante 15 minutos, hasta que se doren ligeramente los bordes y la parte inferior. Para evitar que se agriete, mantenga la puerta del horno abierta unos centímetros mientras se hornea. Deje que se enfríen completamente antes de utilizar una espátula para sacarlos. Guárdelo en un recipiente hermético hasta 1 semana.

GALLETAS GRAHAM DE CANELA

RENDIMIENTO: 30 GALLETAS

Una base perfecta para muchas recetas, como los s'mores o las costras para tartas de queso, estas galletas crujientes también son muy buenas por sí solas. Están especialmente buenas untadas con un poco de mantequilla de almendras o de coco.

1 taza de harina de trigo sarraceno

1 taza de harina de arroz integral superfina

¼ de taza de harina de tapioca

¾ de taza de almidón de maíz

2 cucharaditas de goma xantana

1 cucharadita de polvo de hornear

½ cucharadita de bicarbonato de sodio

1 cucharadita de canela

½ taza de margarina fría no láctea

½ taza de azúcar moreno envasado

1 cucharadita de extracto de vainilla

⅓ taza de leche no láctea

¼ de taza de agave

¼ de taza de melaza

3 cucharadas de azúcar turbinado mezclado con

½ cucharadita de canela

• En un bol grande, bata la harina de trigo sarraceno, la harina de arroz integral superfina, la harina de tapioca, la maicena, la goma xantana, la levadura en polvo, el bicarbonato de sodio y la canela hasta que estén bien mezclados.

• En un recipiente aparte, cremar la margarina y el azúcar hasta que quede suave. Añada el extracto de vainilla, la leche no láctea, el agave y la melaza. Añada gradualmente la mezcla de harina hasta que se incorpore toda y continúe mezclando hasta que se forme una masa firme. Añada un poco más de harina de trigo sarraceno si está pegajosa.

- Dividir en dos secciones y darles forma de discos. Precalentar el horno a 350°F. Enfriar brevemente cada disco (unos 15 minutos en el congelador), y luego extenderlo entre dos trozos de papel pergamino hasta que tenga un grosor de algo menos de ¼ de pulgada. Cortar en cuadrados y hacer agujeros en la parte superior (yo usé la punta de un palillo) para hacer agujeros y también para perforar la galleta. Para facilitar el enrollado y el traslado, mantenga la masa fría. Si empieza a perder la forma con facilidad, vuelve a meterla en el congelador (todavía en el papel de lija) durante unos minutos, y luego vuelve a dar forma a las galletas.

- La masa será bastante flexible y muy fácil de despegar del pergamino. Utilice una espátula metálica plana para ayudarse si es necesario. Colóquela en una bandeja para galletas sin engrasar, espolvoree ligeramente con la mezcla de turbinado y canela, y hornee en el horno precalentado durante unos 12 a 14 minutos, o hasta que esté firme y un poco más oscura en los bordes.

- Dejar enfriar completamente. Guardar en un recipiente hermético hasta 1 semana.

RUGELACH

RENDIMIENTO: 20 GALLETAS

Mi madre sabe cómo hacer un rugelach estupendo. Aunque se trata de un pastel tradicional judío que se disfruta durante todo el año, el fragante relleno de fruta de estas galletas y su crujiente masa siempre marcan el comienzo de las fiestas en nuestra casa.

¼ de taza de albaricoques secos blandos

½ taza de dátiles, no demasiado blandos

1¼ tazas de nueces

½ cucharadita de canela

¼ de cucharadita de nuez moscada

¼ de cucharadita de sal

¼ de taza de azúcar

1 a 1½ cucharadas de mermelada de albaricoque o de fresa

1 receta de hojaldre

- Precalentar el horno a 400°F. Poner los albaricoques, los dátiles, las nueces, la canela, la nuez moscada, la sal y el azúcar en un procesador de alimentos y pulsar hasta que estén bien combinados. Añada la mermelada, una cucharada cada vez, hasta que la mezcla se agrupe.
- Extienda la mitad de la masa de hojaldre entre dos hojas de papel pergamino hasta formar un círculo de 12 pulgadas. Con un cortador de pizza, corte unos diez triángulos uniformes. Coloque una bolita del relleno en la punta pequeña del triángulo. Empezando por el lado opuesto, enrolle la masa para cubrirla, sellando la punta cuando el relleno esté todo envuelto. Repetir con la otra mitad de la masa. Colocar las galletas en una bandeja sin engrasar en la rejilla central del horno, con una separación de unos 2,5 cm, y hornear durante 20 minutos o hasta que estén doradas. Guardar en un recipiente hermético hasta 2 semanas.

GALLETAS CRUJIENTES DE LIMA GLASEADA

RENDIMIENTO: UNAS 12 GALLETAS

Estas galletas llenas de sabor son deliciosas por sí solas y son un regalo excepcional servidas con una bola de helado de fresa. O bien, córtalas un poco más grandes, luego rellénalas con tu helado favorito y congélalas para obtener una delicia irresistiblemente dulce y ácida.

COOKIES

¾ de taza de manteca fría

⅓ taza de azúcar en polvo para repostería

¼ de taza de azúcar

Ralladura de 1 lima (aproximadamente 1 cucharadita)

2 cucharadas de zumo de lima

½ cucharadita de sal

1¼ tazas de harina de sorgo

½ taza de almidón de arrurruz

¼ de taza de harina de tapioca

1 cucharadita de goma xantana

GLAZE

1 taza de azúcar glas

5 cucharadas de zumo de lima recién exprimido

Ralladura de lima para decorar

- Mezclar la manteca, los azúcares, la ralladura de lima y el zumo de lima hasta que esté suave. En un recipiente aparte, bata la sal, la harina de sorgo, la fécula de arrurruz, la harina de tapioca y la goma xantana y, a continuación, incorpórela gradualmente a la mezcla de azúcar mientras mezcla hasta que se forme una masa firme. Aplanar en forma de disco y enfriar en el congelador durante unos 15 minutos. Mientras la masa se enfría, precalentar el horno a 350°F.

- Extienda la masa entre dos hojas de plástico en una superficie plana hasta que tenga un grosor de ¼ de pulgada. Corta en cuadrados de 5 cm y colócalos en una bandeja de horno sin engrasar.

- Hornear durante 15 minutos. Deje enfriar y añada el glaseado a la parte superior. Para hacer el glaseado, simplemente bata los ingredientes del glaseado hasta que esté completamente suave y líquida. Poner en la parte superior de las galletas y dejar secar unos 10 minutos. Coloque otra capa y cubra con ralladura de lima. Deje que el glaseado se endurezca completamente antes de servir. Guárdelo en un recipiente hermético hasta 1 semana.

PALMIERS

RENDIMIENTO: 18 GALLETAS

Estas galletas tan elegantes seguro que impresionarán en tu próxima reunión con amigos. Son tan elegantes y preciosas que no creerás lo fáciles que son si ya tienes hojaldre a mano.

1 receta de hojaldre

1 taza de azúcar turbinado

1 cucharada de maicena mezclada con 3 cucharadas de agua

• Precaliente el horno a 450°F. Forrar una bandeja de horno grande con papel pergamino.

• Divida el hojaldre en dos secciones y extienda cada una de ellas en dos rectángulos de unos 30 cm por 15 cm. Espolvoree la parte superior de cada rectángulo con ½ taza de azúcar turbinado para cubrirlo uniformemente. Empezando por los bordes de los dos lados más largos del rectángulo, enrolle los bordes de la galleta hacia adentro, enrollando dos rollos separados para que se enfrenten y finalmente se encuentren. Tendrá un tubo largo con dos secciones distintas. Corte en galletas de ½ pulgada de ancho y colóquelas directamente en la bandeja para galletas preparada. Pincelar con la mezcla de maicena. Espolvorear con más turbinado. Hornee durante 12 minutos, o hasta que estén doradas. Dejar enfriar completamente antes de servir. Guarde en un recipiente hermético hasta 1 semana.

GALLETAS HELADAS DE LAVANDA

RENDIMIENTO: UNAS 30 GALLETAS

Los brotes de lavanda frescos son los mejores para estos productos, pero, si no los tienes frescos, los secos pueden servir. Puedes encontrar lavanda seca en Internet o en tiendas especializadas en hierbas; busca cogollos que tengan un bonito color lavanda intenso en las puntas. A mí me gusta poner los cogollos secos en un recipiente de cristal hermético con una cáscara de naranja o de limón durante aproximadamente una hora antes de utilizarlos para que se ablanden un poco.

1¼ tazas de harina de sorgo

½ taza de harina de arroz integral (es mejor la superfina, pero se puede utilizar cualquiera de las dos)

½ taza de fécula de patata

¼ de taza de harina de tapioca

1⅓ tazas de azúcar en polvo

1 cucharadita de goma xantana

1 taza de margarina no láctea muy fría

1 cucharada de harina de linaza

2 cucharadas de agua

½ taza de azúcar granulada para rodar

3 cucharadas de brotes de lavanda frescos o secos para enrollar

- En un procesador de alimentos, combine todos los ingredientes hasta la goma xantana y pulse varias veces para combinarlos bien. Añadir la margarina, aproximadamente una cucharada cada vez, y seguir pulsando hasta que se desmenuce. En un cuenco pequeño, combine la harina de linaza con el agua y déjela reposar hasta que se gelifique, durante unos 5 minutos. Añada la harina de linaza preparada y mezcle bien hasta que se forme una masa pegajosa.

• Divide la masa en dos secciones y dale la mejor forma posible a cada una de ellas con dos trozos de papel pergamino. Para obtener troncos perfectamente redondos, congele cada tronco durante una hora aproximadamente y, a continuación, extiéndalo (aún en el pergamino) sobre una superficie plana para crear un cilindro más uniforme. Vuelva a ponerlo en el congelador y enfríelo al menos una hora más y hasta toda la noche.

• Una vez que esté listo para hornear, precaliente el horno a 350°F y extienda otro trozo de pergamino o papel de aluminio con una mezcla del azúcar granulado y la lavanda. En una superficie plana, haga rodar el tronco suave pero firmemente en la mezcla para cubrirlo, asegurándose de no ser demasiado brusco para romper la masa. Cortar con un cuchillo afilado en
Redondos de ½ pulgada de grosor y colóquelos en una bandeja para galletas sin engrasar.

• Hornee de 15 a 17 minutos, o hasta que se hinche y los fondos estén ligeramente dorados. Deje que se enfríen completamente antes de comerlas. Guarde las galletas horneadas en un recipiente hermético hasta 1 semana.

CRUJIENTES DE MOKA

RENDIMIENTO: 36 GALLETAS

El espresso y el chocolate se unen para crear una galleta oscura y deliciosa que es fácil de extender y aún más fácil de disfrutar. Estas galletas se congelan bien tanto en forma de masa como precocidas. Sólo hay que descongelarlas a temperatura ambiente durante 30 minutos antes de hornearlas o disfrutarlas.

2 cucharadas de harina de linaza

¼ de taza de agua

⅔ taza de manteca no hidrogenada

1 taza de azúcar

1 cucharadita de bicarbonato de sodio

1 cucharadita de sal

1 cucharadita de goma xantana

1¼ tazas de harina de arroz integral

⅓ taza de cacao en polvo

½ taza de harina de teff

½ taza de harina de tapioca

2 cucharaditas de espresso instantáneo en polvo

1 cucharada de leche no láctea

⅓ de taza de chispas de chocolate no lácteo

- Precaliente el horno a 375°F. En un tazón pequeño, mezcle la harina de linaza con el agua y déjela reposar hasta que se gelifique, durante unos 5 minutos.
- En un tazón grande, mezcle la manteca y el azúcar con la harina de linaza preparada. Mezclar hasta que esté suave.
- En un bol aparte, bata el bicarbonato de sodio, la sal, la goma xantana, la harina de arroz integral, el cacao en polvo, la harina de teff, la harina de tapioca y el café expreso en polvo. Unir la mezcla de

manteca y la de harina hasta que se forme una masa desmenuzable y, sin dejar de mezclar, añadir la cucharada de leche no láctea hasta que la masa se una. Forme dos discos uniformes y extiéndalos entre dos hojas de papel pergamino hasta que tengan un grosor de ¼ de pulgada. Cortar con un cortador de galletas y transferir a una bandeja de galletas sin engrasar con una espátula de metal plana. Hornear durante 9 minutos. Retirar del horno y espolvorear las chispas de chocolate sobre las galletas calientes. Deje que se asiente durante 1 minuto y, a continuación, extienda una fina capa de chocolate sobre la parte superior de las galletas. Deje enfriar completamente antes de servir. Guárdelo en un recipiente hermético hasta 1 semana.

BIZCOCHOS DE MATE

RENDIMIENTO: 24 GALLETAS

El matcha es el polvo de hojas de té verde finamente molidas, que se utiliza sobre todo como té ceremonial. Busque el matcha de mayor calidad posible para obtener el mejor sabor. El matcha se puede conseguir en tiendas de té, en Internet y en muchas cadenas de supermercados que ofrecen artículos especializados, como Whole Foods.

1 cucharada de harina de linaza

2 cucharadas de agua

¼ de taza + 3 cucharadas de margarina no láctea

⅓ taza de azúcar glasé

2 cucharadas de azúcar

¾ de taza de harina de sorgo

¼ de taza de harina de tapioca

¼ de taza de fécula de patata

⅓ taza + 1 cucharada de harina de almendra

1 cucharadita de goma xantana

2 cucharadas de polvo de matcha

- En un bol pequeño, mezclar la harina de linaza y el agua y dejar reposar hasta que se gelifique, durante unos 5 minutos.
- En un recipiente aparte, cremar la margarina y los azúcares hasta que esté suave. Añadir la harina de linaza preparada.
- En otro cuenco, bata las harinas, la fécula de patata, la harina de almendra, la goma xantana y el polvo de matcha y, a continuación, combínelas con la mezcla de margarina para formar una masa suave pero manejable. Si la masa es demasiado pegajosa, añadir un poco más de harina de sorgo hasta que sea fácil de manejar. Envuelve la masa en papel de plástico y enfríala en el congelador durante unos 15 minutos.

Mientras la masa se enfría, precalentar el horno a 350°F y forrar una bandeja para galletas con papel pergamino o un tapete de silicona.

- Extienda la masa enfriada hasta un grosor de ¼ de pulgada entre dos hojas de papel pergamino. Retirar la pieza superior del pergamino y cortar en las formas deseadas utilizando cortadores de galletas. Deslice la pieza inferior del pergamino y las galletas en una bandeja para galletas y enfríe durante 5 minutos más en el congelador, o 15 minutos en la nevera. Con una espátula metálica plana, transfiera con cuidado las galletas cortadas a una bandeja para hornear cubierta de pergamino. Espolvorear con azúcar y hornear durante 12 minutos. Dejar enfriar completamente antes de servir. Guárdelas en un recipiente hermético hasta 1 semana.

Tómate un matcha latte mientras se hornean las galletas! Para preparar un simple café con leche, simplemente añade 1 cucharadita de polvo de matcha a 1 taza de leche no láctea muy caliente. Haz espuma con un tenedor y añade un toque de stevia o agave al gusto. Y ya está. Una delicia de matcha.

LADYFINGERS

RENDIMIENTO: UNOS 36 LADYFINGERS

Utilícelas como base para el Tiramisú o cómalas solas. Al mezclar, asegúrese de medir con exactitud, ya que incluso un poco de líquido de más puede hacer que estas galletas, a base de garbanzos, se extiendan y queden más planas de lo deseado. Si tiene uno disponible, un molde antiadherente y ligeramente engrasado para ladyfingers es muy útil para hornearlas perfectamente.

½ taza de harina de arroz integral

½ taza + 3 cucharadas de harina de besan/garbanzos

2 cucharadas de harina de tapioca

2 cucharadas de fécula de patata

2½ cucharaditas de polvo de hornear

¼ de cucharadita de sal

½ cucharadita de goma xantana

¾ de taza de azúcar

1 cucharadita de vinagre de sidra de manzana

½ taza de margarina no láctea, ablandada

⅔ taza de leche no láctea

- Precaliente el horno a 375°F. Rociar ligeramente un molde para ladyfinger con un spray antiadherente para cocinar o forrar una bandeja de galletas pesada con pergamino.
- En un bol grande, bata los ingredientes secos hasta que estén bien mezclados. Añadir el vinagre, la margarina y la leche no láctea y mezclar enérgicamente hasta que quede esponjoso. Poner en una manga pastelera con una punta redonda ancha y colocar aproximadamente 1 cucharada de masa en la plantilla del molde para galletas o en una línea recta, a unos 5 cm de distancia, directamente sobre el papel de pergamino. Tenga cuidado de no poner demasiada masa o las galletas se extenderán.
- Hornear de 13 a 15 minutos, o hasta que se doren los bordes. Dejar enfriar completamente antes de servir. Guardar en un recipiente hermético hasta 1 semana.

MADELEINES

RENDIMIENTO: 24 GALLETAS

Estas galletas ligeras y crujientes son perfectas para cualquier momento en el que quieras un capricho pero quieras evitar cualquier cosa que sea demasiado pesada o densa. Tendrás que comprar uno o dos moldes de magdalenas para hacerlas, pero se pueden conseguir fácilmente por menos de 10 dólares en la mayoría de las tiendas de suministros de cocina o en línea.

3 cucharaditas de polvo de hornear

¼ de cucharadita de sal

½ taza de harina de arroz blanco

½ taza + 2 cucharadas de harina de besan/garbanzos

2 cucharadas de harina de tapioca

3 cucharadas de fécula de patata

½ cucharadita de goma xantana

1 taza de azúcar glas

1 cucharadita de vinagre de sidra de manzana

½ taza de margarina no láctea

½ taza de leche no láctea

- Precaliente el horno a 375°F. Rocía ligeramente un molde para magdalenas con un spray antiadherente para cocinar o engrasa ligeramente con aceite de oliva.
- En un bol grande, bata la levadura en polvo, la sal, la harina de arroz blanco, el besan, la harina de tapioca, la fécula de patata y la goma xantana.
- Añada el azúcar de repostería, el vinagre de sidra de manzana, la margarina y la leche no láctea y mezcle a alta velocidad (o muy rápido utilizando un batidor de globo resistente) durante 2 minutos utilizando un accesorio para batir hasta que la masa esté esponjosa y suave.
- Vierta unas 2 cucharaditas de masa en los moldes de magdalenas y extiéndala uniformemente con un cuchillo pequeño. Los moldes de galletas deben estar llenos en tres cuartas partes. Golpee el molde sobre una superficie plana unas cuantas veces para eliminar las bolsas de aire.
- Hornee de 11 a 13 minutos, o hasta que se doren por el lado de la concha y sean de color rubio claro en el fondo. Deje que se enfríen antes de sacarlos de los moldes con cuidado. Guárdelos en un recipiente hermético hasta 1 semana.

SPRITZ DE VACACIONES

RENDIMIENTO: 48 GALLETAS

Estas pequeñas y clásicas galletas navideñas pueden ser fáciles de hacer, pero siempre se agradece un poco de delicadeza. Recomiendo una prensa para galletas de metal sobre cualquier otra, ya que la masa tiende a pegarse menos a ellas. Además, asegúrate de que la masa se enfría antes de ponerla en la manga para obtener un resultado perfecto.

2 cucharaditas de sustituto del huevo en polvo (como Orgran)

2 cucharadas de agua

1½ tazas de harina de arroz integral

½ taza de harina de arroz blanco

⅔ taza de fécula de patata

1 cucharadita de goma xantana

1 taza de margarina no láctea

1 taza de azúcar glas

1½ cucharaditas de extracto de vainilla

- En un bol pequeño, bata el sustituto del huevo en polvo y el agua. En un bol grande, bata la harina de arroz integral, la harina de arroz blanco, la fécula de patata y la goma xantana. Mezclar la margarina, el azúcar y el extracto de vainilla y añadir la mezcla del sustituto del huevo. Añadir poco a poco la mezcla de harina hasta que se forme una masa firme. Si la masa parece demasiado blanda, añadir hasta 2 cucharadas de harina de arroz integral o blanco. Enfriar durante 2 horas en el frigorífico, hasta que esté bien fría.
- Precalentar el horno a 400°F.
- Colocar en la prensa de galletas y colocar el disco que se desee. Montar la prensa según las instrucciones y presionar las galletas en las formas deseadas sobre una bandeja de horno cubierta de pergamino. Trabaje rápidamente y asegúrese de mantener la masa fría; ¡esto es clave! Hornee las galletas durante 7 minutos o hasta que estén ligeramente doradas en los bordes. Deje que se enfríen completamente antes de servirlas. Guardar en un recipiente hermético hasta 3 semanas.

BARES

BISCOTTI DE CEREZA Y ALMENDRA

RENDIMIENTO: 20 BISCOTES

Esta galleta ácida y ligeramente dulce complementa maravillosamente el té o el café con sus notas afrutadas. No solo es un placer para el paladar, sino que los ojos también se deleitarán con las cerezas rojas que se encuentran en toda la galleta.

2 cucharadas de harina de linaza

4 cucharadas de agua

⅓ taza de margarina no láctea

¾ de taza de azúcar

1½ cucharaditas de extracto de almendra

½ cucharadita de sal

2 cucharaditas de polvo de hornear

1 taza de harina de sorgo

¾ de taza de harina de arroz integral

½ taza de fécula de patata

1 cucharadita de goma xantana

¼ de taza de leche no láctea

1 taza de cerezas secas

- Precaliente el horno a 325°F. Combinar la harina de linaza y el agua en un bol y dejar reposar durante 5 minutos, hasta que se gelifique.
- En un cuenco grande, cremar la margarina y el azúcar hasta que quede suave. Añadir la harina de linaza preparada, el extracto de almendra y la sal.
- En un bol aparte, bata la levadura en polvo, la harina de sorgo, la harina de arroz integral, la fécula de patata y la goma xantana. Incorporar gradualmente a la mezcla de azúcar. Añadir la leche no láctea, una cucharada cada vez, hasta que se forme una masa suave.

Debe estar lo suficientemente seca como para poder manejarla y formar dos bolas. Añadir un poco más de harina de sorgo o de leche para obtener la consistencia adecuada. La masa no debe desmoronarse, pero tampoco debe ser demasiado pegajosa. Incorporar las cerezas secas hasta que se distribuyan uniformemente.

- Directamente en una bandeja de galletas sin engrasar, dar forma a la masa de galletas en dos óvalos de unos 5 cm de ancho y 5 cm de alto. Hornee en el horno precalentado durante unos 30 minutos, hasta que los bordes estén ligeramente dorados. Deje enfriar y luego corte las galletas en diagonal. Coloque las galletas recién cortadas de lado y hornee 8 minutos más. Dar la vuelta a las galletas y hornear otros 8 minutos. Y una vez más... dar la vuelta, y hornear unos últimos 8 minutos. Deje que se enfríen completamente antes de disfrutarlas. Guardar en un recipiente hermético hasta 3 semanas.

BISCOTTI DE MÁRMOL

RENDIMIENTO: 18 BISCOTES

El chocolate y la vainilla se mezclan en esta deliciosa galleta. Sumérjalas en un café o chocolate caliente para disfrutar de la mejor experiencia en galletas. Si vas a compartirlas, son un gran regalo una vez que las envuelves en plástico brillante y las adornas con un lazo, especialmente si las combinas con tu mezcla de café favorita.

3 cucharadas de harina de linaza

6 cucharadas de agua

½ taza de azúcar

½ taza de margarina no láctea

½ cucharadita de extracto de vainilla

1 taza de harina de sorgo

¾ de taza de harina de arroz integral

½ taza de fécula de patata

¼ de taza de harina de tapioca

1 cucharadita de goma xantana

1½ cucharaditas de polvo de hornear

½ cucharadita de sal

½ taza de chispas de chocolate no lácteo, derretidas, más 1 taza de chispas de chocolate, derretidas, para rociar

- Precalentar el horno a 325°F.
- En un tazón pequeño, combinar la harina de linaza con el agua y dejar reposar hasta que se gelifique, durante unos 5 minutos. En un tazón grande, mezcle el azúcar y la margarina. Añadir la harina de linaza preparada y el extracto de vainilla y mezclar bien. En un bol aparte, combinar la harina de sorgo, la harina de arroz integral, la fécula de patata, la harina de tapioca, la goma xantana, la levadura en polvo y la sal.

Remover bien para que se incorporen uniformemente.

- Combinar lentamente la mezcla de harina con la de margarina hasta que se formen grumos. Dividir la masa en dos secciones, dejando la mitad en el bol y reservando el resto. Incorpore suavemente la media taza de chispas de chocolate derretidas con la mitad de la masa hasta que esté muy bien combinada, raspando el bol cuando sea necesario.

- Ahora tendrás dos secciones de masa: una de chocolate y otra de vainilla. Forma la masa de vainilla en dos bolas. Forma la masa de chocolate en dos bolas también. A continuación, enrolla cada sección en cuerdas largas, de modo que tengas cuatro cuerdas largas de chocolate y vainilla, de unos 25 cm de largo cada una.

- En una bandeja para hornear sin engrasar, coloque una cuerda de chocolate y una de vainilla una al lado de la otra y luego gire una sobre la otra, presionando para formar un tronco plano de aproximadamente 3 pulgadas por 10 pulgadas y luego repita con las otras dos cuerdas.

- Hornee durante 28 minutos, hasta que los bordes estén ligeramente dorados, y luego retire del horno y colóquelo en una rejilla para dejarlo enfriar completamente. Con un cuchillo de sierra, cortar en diagonal en galletas de 3 × 1 pulgada y colocar las galletas recién cortadas en sus lados en la bandeja para galletas.

- Hornear las galletas durante 10 minutos. Dar la vuelta y hornear durante 10 minutos más. Dar la vuelta una vez más y hornear durante 5 minutos más. Dejar enfriar completamente y luego rociar o cubrir un lado con chocolate derretido.

- Conservar en un recipiente hermético hasta 1 mes.

LOS MEJORES BROWNIES DE CHOCOLATE

RENDIMIENTO: 12 BROWNIES

Estos brownies cuentan con una capa crujiente, hojaldrada y delgada sobre un cuadrado masticable y pegajoso de felicidad de brownie. Aunque estos brownies son bastante deliciosos por sí solos, también les sienta bien una fina capa de glaseado por encima. Pruébalos con un glaseado de chocolate esponjoso o un glaseado de caramelo para obtener un placer extra.

¾ de taza de harina de arroz integral superfina

¼ de taza de harina de almendra

¼ de taza de fécula de patata

¼ de taza de harina de sorgo

1 cucharadita de goma xantana

½ cucharadita de bicarbonato de sodio

1 cucharadita de sal

3 tazas de chocolate no lácteo picado o chips de chocolate

1 taza de azúcar

¼ de taza de margarina no láctea

½ taza de café fuerte

2 cucharadas de semillas de chía molidas mezcladas con 5 cucharadas de agua caliente

1 cucharadita de extracto de vainilla

1 taza de chispas de chocolate blanco no lácteo (opcional)

- Precaliente el horno a 325°F y engrase ligeramente un molde metálico de 9 × 13 pulgadas.

- En un tazón grande para mezclar, bata la harina de arroz integral superfina, la harina de almendra, la fécula de patata, la harina de sorgo, la goma xantana, el bicarbonato de sodio y la sal.

- Poner las pepitas de chocolate en un bol grande apto para el calor.

- En una cacerola de 2 cuartos a fuego medio, combine el azúcar, la margarina y
¼ de taza de café y llevar a ebullición, removiendo a menudo. Una vez hirviendo, retirar inmediatamente del fuego y verter la mezcla de azúcar caliente directamente sobre los trozos de chocolate, removiendo rápidamente para combinarlos bien. Páselo al bol que contiene la mezcla de harina junto con el gel de chía preparado y el extracto de vainilla y mézclelo a velocidad media-alta hasta que quede suave. Añadir el ¼ de taza de café adicional y mezclar bien. Si las utiliza, incorpore las pepitas de chocolate blanco.

- Extienda la masa en el molde preparado; la masa estará pegajosa. Hornee de 45 a 50 minutos. Deje que se enfríe completamente antes de cortarlo en cuadrados y servirlo. Guárdelo en un recipiente hermético hasta 3 días.

BLONDIES

RENDIMIENTO: 12 BLONDIES

Los blondies son más ligeros que los brownies en cuanto a sabor, textura y color, pero siguen teniendo un delicioso parecido con sus compañeros de chocolate. Pruébalos con helado de plátano y mantequilla de cacahuete.

2 cucharadas de harina de linaza

4 cucharadas de agua

⅓ taza de azúcar de palma de coco

1 cucharadita de extracto de vainilla

1 taza de harina de arroz integral

½ taza de harina de almendra

¼ de taza de fécula de patata

1 cucharadita de goma xantana

½ cucharadita de sal

½ taza de margarina no láctea

1 cucharada de aceite de coco

1½ tazas de trozos de chocolate blanco no lácteo

½ taza de mini chips de chocolate no lácteos

- Precaliente el horno a 350°F. Engrasa ligeramente un molde para hornear de 8 × 8 pulgadas.
- En un tazón pequeño, combine la harina de linaza y el agua y deje reposar hasta que se gelifique, durante unos 5 minutos. Incorporar el azúcar de palma de coco y el extracto de vainilla. En otro bol, bata la harina de arroz integral, la harina de almendras, la fécula de patata, la goma xantana y la sal.
- En una caldera doble, a fuego medio-bajo, derrita la margarina, el aceite de coco y el chocolate blanco hasta que esté suave. Retirar del fuego. Incorporar la mezcla de chocolate blanco a la mezcla de harina junto con la mezcla de harina de linaza hasta que se forme una masa. Incorporar los mini chips de chocolate. Presionar la masa en el molde preparado y hornear durante 27 minutos, o hasta que se doren los bordes. Deje que se enfríe por completo, durante al menos 2 horas, antes de servir. Guardar en un recipiente hermético hasta 1 semana.

BARRITAS DE LIMÓN ALIGERADAS

RENDIMIENTO: 16 BARRAS

Se trata de una versión aligerada de las tradicionales barritas de limón, que prescinde de los huevos y la mantequilla y opta por ingredientes de origen vegetal. El agar puede conseguirse fácilmente en las tiendas de alimentos naturales o en los mercados asiáticos. Si sólo puede conseguir barras o copos de agar, páselos por un molinillo de especias hasta que se hagan polvo.

CRUST

2 cucharadas de harina de linaza

4 cucharadas de agua

1½ tazas de harina de almendra

¼ de cucharadita de sal

3 cucharadas de azúcar

RELLENO

2 tazas de agua

1½ cucharadas de polvo de agar

1¼ tazas de azúcar

1 taza de zumo de limón recién exprimido (unos 6 limones)

1 gota de colorante alimentario amarillo natural

¼ de taza de maicena disuelta completamente en ¼ de taza de agua

Azúcar glas, para espolvorear

- Precalentar el horno a 400°F.
- En un tazón pequeño, mezcle la harina de linaza con el agua hasta que se gelifique, durante aproximadamente
5 minutos. En un tazón mediano, bata el resto de los ingredientes de la corteza y luego masajee la harina de linaza preparada en la mezcla de harina de almendras hasta que esté bien mezclada. Presione la corteza

en un molde para hornear de 8 × 8 pulgadas ligeramente engrasado. Hornee de 12 a 15 minutos, hasta que se doren los bordes. Retirar del horno y dejar enfriar mientras se prepara el relleno.

- Para hacer el relleno, llevar a ebullición las 2 tazas de agua y el polvo de agar a fuego medio, removiendo constantemente con un batidor. Dejar hervir de 3 a 5 minutos, hasta que espese y se haya disuelto todo el agar. (Asegúrese de que todo el agar se ha disuelto o sus barritas de limón no cuajarán correctamente). Incorpore el azúcar, el zumo de limón, el colorante alimentario y la mezcla de maicena. Continúe cocinando a fuego medio, llevando a ebullición. Dejar hervir durante unos 3 minutos, hasta que espese. Vierta la mezcla sobre la corteza y enfríe inmediatamente sobre una superficie plana en el frigorífico. Enfríe 2 horas, o hasta que esté firme. Cortar en cuadrados. Espolvorear con azúcar glas antes de servir. Guárdelo en el frigorífico hasta 1 semana.

BARRAS DE ARÁNDANO

RENDIMIENTO: 16 BARRAS

Estas deliciosas barritas son similares a las barritas de cereales de caja, pero más sabrosas y sin conservantes ni productos químicos añadidos. Si el arándano no es su favorito, no dude en utilizar cualquier otro tipo de conservas para un sinfín de variaciones de sabor.

1½ tazas de nueces

1½ tazas de harina de sorgo, más la necesaria para amasar y dar forma

⅓ taza de fécula de patata

1 cucharadita de polvo de hornear

1 cucharadita de goma xantana

¾ de taza de margarina no láctea

1 taza de azúcar

2 cucharadas de harina de linaza

4 cucharadas de agua

1 taza de conservas de arándanos de alta calidad

- Precaliente el horno a 400°F. Engrase ligeramente y enharine el fondo y los lados de una bandeja de 8 × 8 pulgadas.
- Coloque las pacanas en una capa uniforme en una bandeja de horno estándar para que no se superpongan. Tostar las pacanas durante unos 10 minutos, o hasta que estén fragantes y sabrosas. Vigilar cuidadosamente para que no se quemen. Una vez tostadas, retírelas de la bandeja y apártelas hasta que se enfríen. Poner las nueces tostadas en un procesador de alimentos y pulsar hasta que se desmenucen. No mezcle demasiado.
- En un bol mediano, tamizar la harina de sorgo, la fécula de patata, la levadura en polvo y la goma xantana. Incorporar las nueces picadas.
- En un recipiente aparte, cremar la margarina y el azúcar hasta que

esté suave.

- En un tazón pequeño, combine la harina de linaza con el agua y deje reposar hasta que se gelifique, durante unos 5 minutos. Incorporar la harina de linaza preparada con la mezcla de margarina y mezclar hasta que se combinen. Incorporar gradualmente la mezcla de harina, añadiendo hasta ⅓ taza de harina de sorgo adicional hasta que la masa pueda manejarse fácilmente. Formar dos discos separados y enfriar hasta que se enfríe.
- Una vez que la masa esté bien fría, tome uno de los discos y colóquelo entre dos trozos de papel de pergamino y extiéndalo hasta que sea lo suficientemente grande como para cubrir el molde.
- Transfiera la masa para cubrir el fondo del molde, empujando suavemente los bordes para formar una pared alrededor de la corteza. Extienda las conservas de arándanos de manera uniforme sobre la capa de corteza.
- Tome el segundo disco de masa y desmenúcelo en trozos pequeños. Cubra la mermelada generosamente con los trozos de masa. Enfríe el molde en el congelador mientras precalienta el horno a 350°F.
- Hornear durante unos 35 minutos o hasta que la corteza se dore.
- Dejar enfriar y cortar en cuadrados. Guarde las barras en un recipiente hermético en el refrigerador hasta por 1 semana.

GOLOSINAS CRUJIENTES DE MANTEQUILLA DE CACAHUETE Y ARCE

RENDIMIENTO: 12 BARRAS

Nunca me canso de las golosinas de arroz crujiente. Estos llevan mantequilla de cacahuete y están ligeramente pintados con chocolate derretido para darles más fuerza. Pruébalos con mantequilla de avellana y chocolate (Justin's es una gran opción) en lugar de mantequilla de cacahuete. Luego intenta no comerte todo el molde.

3 cucharadas de aceite de coco

4 tazas de malvaviscos veganos, como los Dandies

1 cucharadita de extracto de arce

2 cucharadas de jarabe de arce

½ taza de mantequilla de cacahuete suave

6 tazas de cereales de arroz crujiente sin gluten

1 taza de chispas de chocolate no lácteo

- Engrase ligeramente una fuente de horno de 8 × 8 pulgadas con margarina o aceite de coco.

- En una cacerola grande a fuego medio, derretir ligeramente las 3 cucharadas de aceite de coco para que el fondo de la cacerola quede cubierto. Añade los malvaviscos y caliéntalos a fuego medio hasta que se derritan en su mayor parte, removiendo a menudo para evitar que se quemen. Incorporar el extracto de arce, el sirope de arce y la mantequilla de cacahuete y seguir removiendo hasta que se incorporen por completo.

- Poner los cereales de arroz crujiente en un bol grande y verter la mezcla de malvavisco caliente sobre los cereales de arroz crujiente. Mezclar rápidamente para asegurarse de que todo el cereal está cubierto con la mezcla de malvavisco. Extienda la mezcla en el molde preparado y presione firmemente con las manos engrasadas. Deje que se endurezca, durante unas 2 horas. Cortar en cuadrados de 2 × 2 pulgadas.

- Derretir el chocolate al baño maría y rociar con el chocolate todos los lados de las barras y colocarlas en papel encerado o en un tapete de silicona. Deje que el chocolate se endurezca completamente antes de disfrutarlo. Guárdalo en un recipiente hermético hasta 1 semana.

GALLETAS DE CARAMELO

RENDIMIENTO: 24 GALLETAS

Utilizando galletas crujientes, estas barritas de galleta tienen un sabor salado y dulce con un crujido parecido al del caramelo. ¿No tienes galletas? También puedes utilizar galletas normales para hacerlas; opta por una galleta crujiente como las obleas de vainilla o las galletas graham.

De 4 a 5 onzas (unas 25 galletas) de galletas sin gluten y sin huevo, como las galletas de mesa de Glutino

½ taza de margarina no láctea

½ taza de azúcar moreno

1 taza de chispas de chocolate semidulce no lácteo

½ taza de almendras o nueces tostadas en rodajas

- Precaliente el horno a 400°F. Forrar una bandeja para galletas o un molde para hornear de tamaño mediano (aproximadamente 9 × 13 pulgadas) con papel pergamino.
- Coloque las galletas en el pergamino, lo mejor que pueda, en una sola capa. Los pequeños espacios entre ellas están bien.
- En una cacerola de 2 cuartos de galón, junte la margarina y el azúcar moreno a fuego medio. Remover a menudo y llevar a ebullición. Una vez que rompa a hervir, deje que se cocine durante 3 minutos, sin remover. Vierta con cuidado y estratégicamente el jarabe de caramelo caliente sobre las galletas para cubrirlas. Hornear durante 5 minutos. Retirar inmediatamente del horno y espolvorear las pepitas de chocolate para cubrirlas. Deje que se asiente durante unos 4 minutos y, a continuación, extienda el chocolate para cubrir uniformemente el caramelo. Espolvorear con las almendras. Dejar reposar durante 1 hora en un lugar fresco. Congelar brevemente hasta que el caramelo se haya endurecido y luego cortarlo en cuadrados. Guardar en un recipiente hermético hasta 1 semana.

Capítulo 4

DELICIOSAS TARTAS, PASTELES, TARTAS Y TARTAS DE QUESO

Hornear tartas es un pasatiempo maravilloso porque, con un poco de esfuerzo extra, se obtiene un postre tan impresionante que pide ser compartido. Le recomiendo que no intente hornear tartas con la masa clásica para tartas o la masa de hojaldre en días especialmente húmedos, ya que la tendencia a que la masa se pegue será mucho mayor, lo que dará lugar a una experiencia frustrante al hornear tartas. En lugar de eso, intente hacer las tartas en días de verano más frescos o secos para que salgan siempre perfectas.

BÁSICOS

FLAKEY CLASSIC PASTEL DE CHICHARRONES

RENDIMIENTO: 2 CORTEZAS DE TARTA DE TAMAÑO ESTÁNDAR, O SUFICIENTE PARA UNA TARTA CUBIERTA O ENREJADA

Esta masa es un elemento básico en este capítulo. Con una consistencia hojaldrada y mantecosa, ¡realmente hace que una tarta destaque!

1 taza de harina de arroz integral superfina

¾ de taza de harina de arroz blanco

½ taza de fécula de patata

½ taza de harina de tapioca

1½ cucharaditas de goma xantana

½ cucharadita de levadura en polvo

3 cucharadas de azúcar

10 cucharadas de margarina fría no láctea

3 cucharadas de zumo de limón

½ taza de agua helada

- En un bol grande, bata la harina de arroz integral superfina, la harina de arroz blanco, la fécula de patata, la harina de tapioca, la goma xantana, la levadura en polvo y el azúcar.
- Vierta la margarina en la mezcla de harina a cucharadas. Utilizar los dedos o una batidora de repostería para mezclar rápidamente hasta conseguir un desmenuzado uniforme. Con un tenedor grande, añadir el zumo de limón y el agua fría hasta que se forme una masa suave. Si la masa parece demasiado pegajosa, añadir un poco más de harina de arroz integral. Envolver en papel plástico y enfriar en el congelador durante 15 minutos, o en el frigorífico durante al menos 1 hora antes de usarla.
- Se conserva bien tapado en el frigorífico hasta 1 semana, y congelado hasta 3 meses.

Esta corteza se congela bien, así que no dude en darle forma de hamburguesa a la masa sin hornear y colocarla en dos bolsas aptas para el congelador (de doble capa) y, el día antes de usarla, dejarla descongelar en el frigorífico durante la noche antes de extenderla para usarla en una receta. O extiéndala en dos moldes de aluminio para tartas, cúbrala con papel de plástico y congélela. La elaboración de tartas es fácil si ya tienes las cortezas preparadas de antemano.

PASTELES PUFF

RENDIMIENTO: 20 RACIONES

La clave de esta masa superfácil es mantener la masa fría. Asegúrese de enfriar adecuadamente entre las rotaciones para asegurar una masa trabajable. También recomiendo enfriar todos los ingredientes antes de empezar.

¾ de taza de harina de arroz integral superfina

¾ de taza de harina de arroz blanco

⅔ taza de fécula de patata

⅓ taza de harina de tapioca

2 cucharaditas de goma xantana

1¼ tazas de margarina no láctea muy fría

½ taza de agua helada

- En un bol grande, bata la harina de arroz integral, ½ taza de la harina de arroz blanco, la fécula de patata, la harina de tapioca y la goma xantana. Añadir la margarina a cucharadas. Con las manos limpias, cortar rápidamente la margarina en la harina hasta que la mezcla se parezca a los guijarros.
- Añadir el agua fría y mezclar rápidamente para formar una masa ligeramente pegajosa. Golpear el bol para aplanar la masa y espolvorear con 2 cucharadas de harina de arroz blanco; dar unos golpecitos en la masa para que sea menos pegajosa. Dar la vuelta y repetir con las 2 cucharadas adicionales de harina de arroz blanco.
- Enfría la masa durante 20 minutos en el congelador.
- Entre dos hojas de papel de pergamino, extienda la masa en un rectángulo de aproximadamente 5 × 9 pulgadas. Utiliza un borde recto para cuadrar los bordes, formando un rectángulo sólido. Trabaja rápidamente para que la masa se mantenga fría.
- Doblar la masa en tercios (como si se doblara una carta) y girar un cuarto de vuelta. Utilice el pergamino para ayudar a doblar la masa de

manera uniforme. Vuelva a extenderla en otro rectángulo de 5 × 9 pulgadas. Dóblelo de nuevo en tercios. Envuélvelo sin apretar en el pergamino y enfríalo en el congelador durante 20 minutos más.

- Repetir los pasos de nuevo, exactamente como se ha descrito anteriormente. Envuelve y enfría el hojaldre hasta que lo vayas a utilizar. Cuando trabaje con el hojaldre, asegúrese de no extenderlo demasiado fino, de ⅓ a ½ pulgada es lo adecuado.

- Utilizar como se indica en las recetas que requieren hojaldre. Para intensificar el color del hojaldre, mezcle 2 cucharaditas de almidón de maíz con ½ taza de agua; llévelo a ebullición a fuego medio y cocínelo hasta que esté translúcido. Unte un poco de la pasta en la superficie antes de hornear. Se conserva congelado hasta 1 mes.

GALLETAS DE HOJALDRE FÁCILES

Precaliente el horno a 400°F. Espolvorear una hoja de pergamino con azúcar turbinado. Colocar la masa de hojaldre sobre la superficie azucarada y espolvorear con más azúcar. Coloque otra hoja de pergamino sobre la masa y extiéndala con un rodillo de ⅓ a ½ pulgada de grosor. Utiliza un cortador de galletas divertido para cortar las formas.

Hornear en una bandeja de galletas cubierta de pergamino durante unos 20 minutos, hasta que se doren.

PIES

TARTA DE MANZANA CRUJIENTE DE AZÚCAR

RENDIMIENTO: 8 RACIONES

Añadir el sirope azucarado a la tarta montada es divertido y delicioso, ya que crea una cobertura de azúcar crujiente, no muy diferente del crujiente de caramelo de la crème brûlée.

1 receta de Flakey Classic Piecrust

MANZANAS

8 manzanas Granny Smith medianas

½ cucharadita de cardamomo

1 cucharadita de canela

½ cucharadita de clavo de olor

SALSA

½ taza de margarina no láctea

4 cucharadas de harina de arroz integral superfina

¼ de taza de agua

1 taza de azúcar moreno envasado

- Prepare la masa de la tarta según las instrucciones de la receta, divídala en dos discos y póngala a enfriar durante 2 horas en el frigorífico. Descorazonar y pelar las manzanas. Córtalas en rodajas finas y mézclalas ligeramente con cardamomo, canela y clavo.
- Una vez que las cortezas de la tarta se hayan enfriado, extienda una sección de la masa entre dos hojas de papel pergamino con un grosor de ¼ de pulgada. Utilice el papel pergamino para ayudar a volcar la masa extendida en un molde para tartas ligeramente engrasado. Corte el exceso de masa y resérvelo.
- Amontona las manzanas cortadas en un montón sobre la corteza en el molde de la tarta.

- Coge el segundo disco de masa enfriado y extiéndelo con el mismo grosor entre dos hojas de papel pergamino. Al igual que con la primera corteza, utilice el papel pergamino para ayudar a dar la vuelta a la masa sobre el montón de manzanas. Si la masa se rompe, utilice las yemas de los dedos mojadas en agua para ayudar a sellarla. Reconstruya los lados con el exceso de masa para formar una pared poco profunda como corteza exterior. Haga unas cuantas hendiduras de ¼ de pulgada de ancho en la corteza superior para ventilar.

- Bata los ingredientes de la salsa en una cacerola de 2 cuartos de galón a fuego medio y déjela hervir, removiendo de vez en cuando. Una vez que haya hervido, reduzca el fuego a fuego lento y deje que se cocine durante 2 minutos. Retirar la salsa del fuego.

- Precaliente el horno a 425°F. Vierta la mezcla de azúcar en la parte superior de la corteza de la tarta, apuntando principalmente a las hendiduras en el centro, y deje que el exceso gotee sobre los lados. Una vez que toda la salsa se haya añadido a la tarta, utilice una brocha de pastelería para pincelar suavemente el jarabe restante de manera uniforme sobre la tarta.

- Hornee durante 15 minutos, luego reduzca la temperatura del horno a 350°F y hornee durante 35 a 45 minutos más. Retirar del horno y dejar enfriar por lo menos 2 horas antes de servir. Guardar en un recipiente hermético hasta 2 días.

TARTA DE CREMA DE PLÁTANO

RENDIMIENTO: 10 RACIONES

Hasta la Gran Depresión, los plátanos eran prácticamente desconocidos en los postres. Al parecer, fue la frugalidad de utilizar los plátanos demasiado maduros lo que llevó a incorporarlos a los dulces. Con su rico relleno de crema, esta tarta es todo lo contrario a la frugalidad. Es mejor disfrutarla justo después de que se enfríe, ya que los plátanos tienden a decolorarse al cabo de un día más o menos; una forma muy buena de remediarlo es congelar la tarta inmediatamente después de que se enfríe y servirla casi congelada.

½ receta de corteza de tarta clásica hojaldrada

RELLENO

¾ de taza de azúcar

⅓ taza de harina de arroz blanco

¼ de cucharadita de sal

2 tazas de leche no láctea

3 cucharadas de maicena mezcladas con 3 cucharadas de agua

2 cucharadas de margarina no láctea

2 cucharaditas de extracto de vainilla

4 plátanos grandes

- Precalentar el horno a 400°F.
- Prepare la **corteza de la tarta según las** instrucciones de la receta y luego hornéela a ciegas durante 10 minutos. Reduzca la temperatura del horno a 350°F.
- En una cacerola de 2 cuartos de galón, bata el azúcar, la harina de arroz blanco, la sal, la leche no láctea y la papilla de maicena. Añadir la margarina y el extracto de vainilla. Calentar a fuego medio hasta que la mezcla rompa a hervir, removiendo constantemente. Dejar cocer durante 1 minuto, sin dejar de remover, hasta que la mezcla se espese considerablemente.
- Cortar los plátanos en la **corteza de la tarta** horneada formando una capa uniforme. Vierta la mezcla de azúcar caliente sobre los plátanos para cubrirlos y hornee en el horno precalentado durante 15 minutos. Retirar del horno y dejar enfriar. Enfríe y sirva con rodajas de plátano fresco y crema de coco batida azucarada. Guárdelo en un recipiente hermético en el refrigerador hasta por 2 días.

PASTEL DE LIMA DE LA LLAVE

RENDIMIENTO: 10 RACIONES

Dulce y a la vez ácida, esta tarta cremosa le transportará directamente a los Cayos de Florida. Recomiendo utilizar zumo de lima embotellado por su facilidad y disponibilidad.

CRUST

1 taza de migas de galleta sin gluten (utilice galletas duras como Pizzelles, Cinnamon Graham Crackers, Vanilla Wafers, etc.)

1 taza de nueces molidas

3 cucharadas de azúcar

2 cucharadas de semillas de chía molidas mezcladas con 4 cucharadas de agua

1 cucharada de aceite de coco

RELLENO

1 (350 g) paquete de tofu sedoso extrafuerte

1 taza de zumo de lima

1 taza de leche de coco entera en lata

½ taza de crema de coco de la parte superior de una lata de leche de coco entera

1 taza de azúcar

2 cucharadas de azúcar glasé

¾ cucharaditas de sal

¼ de taza de harina de besan/garbanzos

¼ de taza de harina de arroz blanco

2 cucharadas de maicena

1 cucharadita de ralladura de lima, más para la cobertura

- Precaliente el horno a 375°F.
- Mezcle todos los ingredientes de la corteza, en el orden indicado, y

presione en un molde para tartas de tamaño estándar.

- En el bol de un procesador de alimentos, coloque los ingredientes del relleno, pulsando un par de veces después de cada adición, hasta que esté suave. Asegúrese de raspar los lados cuando sea necesario.
- Vierta la mezcla de relleno en la corteza y transfiérala con cuidado a la rejilla central de su horno. Hornee durante 20 minutos. Reduzca la temperatura a 300°F y hornee de 40 a 45 minutos más, hasta que los bordes estén ligeramente dorados. Deje que se enfríe a temperatura ambiente y luego póngalo a enfriar en la nevera durante la noche. Cubra con la ralladura de lima y la crema de coco batida azucarada. Guárdelo en un recipiente hermético en el frigorífico durante un máximo de 2 días.

NOTA DE ALERGIA

Si eres alérgico a los frutos secos y quieres hacer esta tarta, simplemente cambia las nueces de la corteza por semillas de girasol o de calabaza tostadas.

TARTA DE MELOCOTÓN

RENDIMIENTO: 10 RACIONES

Popular durante los meses de otoño, el pastel de calabaza no se convirtió en el postre tradicional de Acción de Gracias hasta principios del siglo XIX. Esta tarta de calabaza es como las que mi madre solía hacer para la fiesta, con una corteza más suave en la parte inferior y crujiente en los lados. Por extraño que parezca, ¡esa fue siempre mi parte favorita de la tarta!

½ receta de corteza de tarta clásica hojaldrada

1 taza de azúcar

1 cucharadita de canela

1 cucharadita de jengibre

½ cucharadita de clavo de olor molido

¼ de cucharadita de nuez moscada molida

1 cucharadita de sal

1 (350 g) paquete de tofu sedoso extrafuerte

1½ cucharaditas de extracto de vainilla

⅓ taza de harina de arroz integral superfina

2 tazas de puré de calabaza en lata

¼ de taza de sidra de manzana o leche no láctea

- Prepare la masa de la tarta según las instrucciones de la receta. Forme un disco con la masa y póngala a enfriar en la nevera durante al menos 1 hora.

- Precaliente el horno a 425°F. Extienda la corteza entre dos trozos de pergamino y luego déle la vuelta para colocar la corteza de la tarta de manera uniforme en el fondo de un molde para tartas de tamaño estándar. Pellizque la parte superior para que la tarta quede elegante, o acanalada.

• Combinar todos los ingredientes del relleno de la tarta en un procesador de alimentos y batir hasta que quede muy suave. Extiende el relleno de la tarta en la corteza sin hornear y hornea durante 15 minutos.

• Reduzca la temperatura del horno a 350°F y hornee durante 40 minutos más, o hasta que la corteza esté dorada. Deje que la tarta se enfríe completamente y refrigérela durante al menos 4 horas antes de servirla. Esta tarta está mejor si se refrigera durante la noche. Guárdela en un recipiente hermético en la nevera hasta 5 días.

PASTEL DE FRESA

RENDIMIENTO: 10 RACIONES

La tarta de fresas siempre me recuerda el comienzo del verano, justo cuando el tiempo se vuelve lo suficientemente cálido como para empezar a desear postres fríos. Esta es una receta estupenda para hacerla la noche anterior, ya que tiene que endurecerse durante bastante tiempo, y además es excelente servida muy fría.

½ receta de Flakey Classic Piecrust

RELLENO

4 tazas de fresas, cortadas en rodajas

1 taza de azúcar granulado

4 cucharadas de maicena

¼ de taza de agua Pizca de sal

2 ó 3 fresas en rodajas para decorar

- Precalentar el horno a 425°F. Engrasar ligeramente un molde para tartas de tamaño estándar y espolvorear con harina de arroz integral o de sorgo.
- Prepare la masa de la tarta según las instrucciones de la receta.
- Extienda la masa entre dos trozos de papel pergamino hasta que tenga un grosor de ¼ de pulgada. Invierta con cuidado la masa en un molde para tartas, dándole forma y haciendo un borde en la corteza. Con un tenedor, haga unos veinte agujeros pequeños de manera uniforme sobre la corteza. Hornee durante 20 minutos o hasta que la corteza esté firme. Deje que se enfríe completamente antes de rellenarla.
- Relleno: Colocar 1½ tazas de las fresas más el azúcar en una cacerola de 2 cuartos y aplastar suavemente con un machacador de papas. Cocinar a fuego medio hasta que el azúcar se disuelva por completo.
- En un bol mediano, bata la maicena y el agua hasta que quede suave y añada a la mezcla de fresas cocidas junto con la sal. Llevar a

ebullición a fuego medio y dejar que se cocine durante unos 2 minutos. Retirar del fuego y dejar que se enfríe ligeramente, pero no del todo, durante unos 15 minutos. Colocar las 2½ tazas de fresas restantes de manera uniforme en la masa. Vierta el relleno cocido en el molde preparado y déjelo enfriar en la nevera hasta que esté firme, durante unas 12 horas. Adorne con rodajas de fresa adicionales. Servir frío. Guárdelo en un recipiente hermético en la nevera hasta 2 días.

PASTEL DE CEREZAS

RENDIMIENTO: 10 RACIONES

Recomiendo utilizar cerezas Bing o ácidas para esta tarta para conseguir ese precioso color rojo intenso al que estamos tan acostumbrados con la tarta de cerezas. Me encanta esta tarta servida caliente del horno à la mode.

1 receta de Flakey Classic Piecrust

4 tazas de cerezas frescas sin hueso

¼ de taza de harina de tapioca 1 taza de azúcar

¼ de cucharadita de sal

1 cucharadita de extracto de vainilla

4 cucharaditas de margarina no láctea

• Prepare la masa de la tarta según las instrucciones de la receta y divida la masa uniformemente en dos secciones. Refrigere un disco mientras extiende el otro entre dos hojas de papel pergamino, con un grosor de aproximadamente ¼ de pulgada. Déle la vuelta en un molde para tartas de plato hondo y déle la forma adecuada al molde.

• En un tazón grande, mezcle las cerezas con la harina de tapioca, el azúcar, la sal y el extracto de vainilla hasta que estén uniformemente cubiertas. Colóquelas en el molde de la tarta y extiéndalas uniformemente. Cubra con margarina. Extienda la otra mitad de la corteza entre dos hojas de papel pergamino con un grosor de ¼ de pulgada. Coloque la otra mitad de la corteza entre dos hojas de papel pergamino hasta que tenga un grosor de 25 centímetros. Rebaje los bordes para sellarlos y luego haga unas pequeñas hendiduras en la corteza para que se ventile. Hornee de 45 a 50 minutos, hasta que la corteza de la tarta esté dorada. Deje que la tarta se enfríe ligeramente antes de servirla. Guárdela en un recipiente hermético hasta 2 días.

Puedes utilizar cerezas congeladas si no son frescas en temporada; simplemente descongélalas y escúrrelas bien antes de utilizarlas.

CUALQUIER PASTEL DE FRESAS

RENDIMIENTO: 10 RACIONES

Moras, arándanos, frambuesas... se puede utilizar cualquier tipo de baya en esta tarta y seguirá estando deliciosa. Mi favorito es un sólido empate entre la mora y el arándano.

1 receta de Flakey Classic Piecrust

½ taza de azúcar moreno

¼ de taza de azúcar

3 cucharadas de maicena

½ cucharadita de sal

1 cucharadita de extracto de vainilla

4 tazas de moras, arándanos o frambuesas

1 cucharada de margarina no láctea

- Precaliente el horno a 425°F.
- Prepare la corteza según las instrucciones de la receta y extienda la mitad de la corteza entre dos hojas de pergamino hasta obtener un grosor de ¼ de pulgada, mientras mantiene la otra mitad fría. Coloque una mitad de la corteza en un molde para tartas de plato hondo y déle la forma adecuada.
- En un bol mediano, mezcle el azúcar moreno, el azúcar, la maicena y la sal hasta que estén bien mezclados. Añada el extracto de vainilla y las bayas y remueva suavemente hasta que las bayas queden completamente cubiertas. Coloque las bayas en la masa y úntelas uniformemente con margarina.
- Extienda la otra mitad de la masa de la tarta entre dos hojas de pergamino hasta que tenga un grosor de ¼ de pulgada. Trabaja rápido. Tenga a mano un cortador de pizza y corte tiras de corteza de pastel de 1 × 9 pulgadas. Utiliza las manos para pelar suavemente la punta de la tira y colócala encima de los arándanos para formar un patrón cruzado hasta que la tarta esté cubierta a tu gusto. También puede utilizar un cortador de galletas para cortar formas para cubrir la tarta.
- Hornear durante 40 minutos, o hasta que la masa esté bien dorada, pero no quemada. Servir caliente a la moda o a temperatura ambiente. Guardar en un recipiente hermético hasta 2 días.

TARTE TATIN

RENDIMIENTO: 8 RACIONES

Esta receta es súper sencilla, pero requiere una sartén que pueda pasar con seguridad y eficacia de la cocina al horno, como el hierro fundido. Para una Tarte Tatin perfecta, elija una variedad de manzana que mantenga su forma durante la cocción, como la Granny Smith o la Gala.

½ receta de Flakey Classic Piecrust

¼ de taza de margarina no láctea

½ taza de azúcar moreno

5 manzanas pequeñas, peladas, descorazonadas y cortadas en cuartos

- Precaliente el horno a 425°F. Formar la masa de la tarta en un disco y enfriar hasta que se vaya a utilizar.
- A fuego medio, en una sartén de hierro fundido de 9 pulgadas, derrita la margarina hasta que esté líquida. Espolvoree el azúcar moreno y, a continuación, coloque las manzanas directamente sobre el azúcar, colocándolas bien y de manera uniforme, de modo que los lados abombados queden hacia abajo. Intente eliminar cualquier espacio sobrante entre las manzanas. Deje que las manzanas se cocinen, sin molestarlas, a fuego medio durante 20 minutos.
- Transfiera la bandeja caliente al horno y hornee en la rejilla del medio durante 20 minutos más.
- Retirar del horno y dejar reposar brevemente.
- Extienda la masa de la tarta entre dos hojas de papel pergamino, lo suficientemente ancha como para cubrir la sartén de hierro fundido con un exceso de 1 pulgada. Voltee la masa sobre las manzanas para cubrirlas, y empuje la masa suavemente hacia abajo para formar una corteza superior rústica. Hornee durante 20 minutos más, y luego retire del horno y deje enfriar durante 10 minutos.
- Volcar la tarta en un plato con bordes, más o menos del mismo tamaño que la tarta. La masa se invertirá para formar una bonita corteza. Si alguna manzana se pega al plato, retírela con cuidado y vuelva a colocarla en la tarta.
- Servir caliente o a temperatura ambiente. Guardar en un recipiente hermético hasta 2 días.

PASTEL DE SEDA DE CHOCOLATE

RENDIMIENTO: 10 RACIONES

Este es uno de mis postres favoritos para llevar a las reuniones de amigos por su sencillez y versatilidad. El ingrediente secreto es el tofu sedoso, que crea una base firme y sedosa a la vez. Cubra cada pieza individual con crema de coco batida azucarada justo antes de servir.

½ receta de Flakey Classic Piecrust

2 (350 g) paquetes de tofu sedoso extrafuerte

2 cucharaditas de extracto de vainilla

2 cucharadas de cacao en polvo (a mí me gusta el extra oscuro)

½ taza de azúcar

1½ tazas de chocolate no lácteo picado o chips de chocolate

- Precalentar el horno a 400°F.
- Prepare la masa de la tarta según las instrucciones de la receta y extiéndala entre dos hojas de papel pergamino hasta que tenga un grosor de ¼ de pulgada.
- Dar la vuelta al pergamino para colocar la corteza en un molde de cristal de tamaño estándar. Doblar o acanalar la corteza y perforar el fondo varias veces de manera uniforme con un tenedor. Hornee durante 20 minutos o hasta que esté ligeramente dorado. Retirar del horno.
- Para preparar el relleno, mezcle el tofu, el extracto de vainilla, el cacao en polvo y el azúcar en un procesador de alimentos hasta que esté completamente suave, raspando los lados cuando sea necesario.
- En una olla doble, derrita el chocolate y rocíelo en la mezcla de tofu y mezcle hasta que se incorpore completamente. Extienda el relleno en el molde de la tarta y déjelo enfriar a temperatura ambiente durante 1 hora antes de transferirlo a la nevera para que se enfríe hasta que esté ligeramente firme, entre 4 horas y toda la noche. Guárdelo en un recipiente hermético en la nevera hasta 3 días.

TARTA DE MANTEQUILLA DE CACAHUETE DE ALTURA

RENDIMIENTO: 10 RACIONES

Si te gusta la mantequilla de cacahuete, vas a flipar con esta tarta. La rica mantequilla de cacahuete y el chocolate se combinan para crear una base deliciosa, mientras que la esponjosa crema de coco da nombre a la tarta. Si eres alérgico a los cacahuetes, también puedes cambiarla y utilizar mantequilla de almendras o anacardos.

½ receta de Flakey Classic Piecrust

4 onzas de chocolate semidulce

3 (350 g) paquetes de tofu sedoso firme

2 tazas de mantequilla de cacahuete cremosa

2 tazas de azúcar en polvo

3 cucharadas de semillas de chía molidas

½ cucharadita de sal marina

1 receta de crema de coco batida azucarada

2 onzas de chispas o trozos de chocolate no lácteo, derretidos, para rociar

¼ de taza de cacahuetes tostados y salados triturados

- Precaliente el horno a 400°F y prepare la masa de la tarta según las instrucciones de la receta. Extienda entre dos hojas de pergamino hasta que tenga un grosor de ¼ de pulgada. Coloque la masa sobre un molde para tartas y presione uniformemente para cubrirla. Acanalar los bordes y hornear durante 20 minutos, o hasta que se dore ligeramente. Retirar del horno y colocar en una rejilla para que se enfríe. Espolvorear 4 onzas de chispas de chocolate de manera uniforme sobre la masa y dejar reposar durante 5 minutos. Extienda el chocolate derretido, con una espátula de silicona, para cubrir el interior de la masa de la tarta. Deje que se enfríe completamente hasta que el chocolate se endurezca; una vez que la masa esté a temperatura ambiente, colóquela en el frigorífico para acelerar el proceso.
- En un procesador de alimentos, combine el tofu, la mantequilla de

cacahuete, el azúcar, las semillas de chía y la sal. Bata hasta que quede completamente suave, durante unos 5 minutos. Extienda la mezcla en la corteza de la tarta preparada y congele durante al menos 3 horas. Trasladar al frigorífico y enfriar toda la noche. Antes de servir, cubrir con crema de coco batida y rociar con chocolate. Espolvorear con cacahuetes triturados. Guárdelo en un recipiente hermético en el frigorífico durante un máximo de 2 días.

PASTEL DE PACANO

RENDIMIENTO: 10 RACIONES

La primera vez que probé la tarta de nueces, quedé prendada. Incluso hoy en día, cuando me acerco a una, me cuesta un poco de esfuerzo dejar de comerla entera. Lo mejor es compartirla con otros, o simplemente hacer dos tartas, y ahorrarse el disgusto.

½ receta de Flakey Classic Piecrust

2 cucharadas de harina de linaza

¼ de taza de agua

1¼ tazas de azúcar moreno envasado

2 cucharadas de harina de arroz integral superfina, o harina de arroz blanco

2 cucharaditas de extracto de vainilla

½ taza de margarina no láctea derretida

1½ tazas de nueces picadas

- Precaliente el horno a 400°F. Prepare la corteza de la tarta según las instrucciones de la receta y presione en un molde de tarta de tamaño estándar, haciendo que la corteza sea ligeramente más corta que el borde superior del molde. Con una cuchara, haga un diseño en la parte superior de la corteza.
- En un bol grande, mezcle la harina de linaza y el agua y deje que se asiente durante 5 minutos, hasta que se gelifique. Páselo a un cuenco y bátalo a alta velocidad con el accesorio de la batidora durante 1 minuto (o con el codo y la batidora), hasta que quede esponjoso. Añada el azúcar, la harina de arroz integral, el extracto de vainilla y la margarina. Incorpore 1 taza de nueces picadas. Remover bien. Vierta el relleno en la corteza sin hornear y cubra con el resto de las nueces picadas.
- Hornear de 35 a 40 minutos, hasta que la corteza esté dorada y el relleno burbujeante. Retire con cuidado del horno y deje que se enfríe por completo, durante al menos 4 horas, antes de servir. Guárdelo en un recipiente hermético en el frigorífico durante un máximo de 2 días.

CHEESECAKES

TARTA DE QUESO AL ESTILO DE NUEVA YORK

RENDIMIENTO: 12 RACIONES

Esta tarta de queso requiere un poco más de paciencia, ya que hay que dejarla en el horno de 1 a 2 horas para que se termine de hornear y luego hay que enfriarla toda la noche, pero merece mucho la pena. Este postre clásico es perfecto sin más, pero combina excepcionalmente bien con una cobertura de fruta. Pruébelo con compota de cerezas y vainilla, caquis asados, mermelada de arándanos y lavanda, o incluso con fruta normal, como las fresas.

¼ de taza de harina de almendra

4 tarrinas (8 onzas) de queso crema no lácteo, como la marca Tofutti

1¾ tazas de azúcar

½ taza de crema agria no láctea o crema de coco

½ taza de harina de besan/garbanzos mezclada con ½ taza de agua

¼ de taza de harina de arroz integral superfina o de harina de arroz blanco

1 cucharadita de extracto de vainilla

- Precalentar el horno a 350°F y engrasar ligeramente un molde desmontable de 8 pulgadas. Espolvoree el fondo del molde de manera uniforme con la harina de almendras. Puede utilizar un molde más grande, pero su tarta de queso será más fina y necesitará menos tiempo de cocción.

- Poner todos los ingredientes restantes en un procesador de alimentos y batir hasta que quede muy suave, durante unos 2 minutos, raspando los lados cuando sea necesario. No pruebe la masa, ya que el besan la hará desagradable hasta que se hornee.

- Hornee durante 45 minutos a 350°F y luego reduzca la temperatura a 325°F. Hornee durante 35 minutos más y luego apague el horno. Deje que la tarta de queso se enfríe, dentro del horno cerrado, durante aproximadamente 1 ó 2 horas. Enfríe toda la noche antes de servir. Guárdelo en un recipiente hermético en el refrigerador hasta por 4 días.

TARTA DE QUESO CON ROSA DE PISTACHO

RENDIMIENTO: 10 RACIONES

Este fragante pastel es delicioso cuando se sirve con una porción de crema de coco batida y un vino blanco seco, o zumo de uva con gas para los niños. El agua de rosas se puede encontrar en la mayoría de las tiendas especializadas junto a otros extractos y aromatizantes similares. Ciertamente, si no puede encontrar este saborizante en particular, cantidades iguales de ron especiado o de extracto de vainilla lo sustituirían perfectamente, aunque sin los matices florales.

CRUST

1 cucharada de harina de linaza

2 cucharadas de agua

1 taza de pistachos, triturados hasta que se desmenucen

2 cucharadas de azúcar

1 cucharada de aceite de almendras o de canola

¼ de taza de harina de almendras, más una cantidad extra para espolvorear

RELLENO

2 tazas (20 onzas) de tofu sedoso

De 1 a 1½ cucharaditas de agua de rosas (¡cuanto más, mejor!)

3 envases (8 onzas) de queso crema no lácteo, como Tofutti

¾ de taza de azúcar

¼ de cucharadita de sal

3 cucharadas de harina de arroz blanco

2 gotas de colorante alimentario rosa (opcional)

- Precaliente el horno a 400°F. Engrase ligeramente sólo los lados de un molde desmontable de 8 pulgadas. Puede utilizar un molde más grande, pero su tarta de queso será más fina y necesitará menos tiempo de cocción.

- En un bol pequeño, combinar la harina de linaza con el agua y dejar reposar hasta que se gelifique, durante unos 5 minutos. En un bol grande, mezclar los pistachos, el azúcar, el aceite de almendras, la harina de almendras y la harina de linaza preparada hasta que queden grumos. Utilizar las manos ligeramente engrasadas y presionar firmemente en el fondo del molde desmontable y cubrir lo mejor posible. Una vez que esté extendida cubriendo toda la superficie posible, espolvorear ligeramente con harina de almendras y luego presionar para cubrir completamente y de manera uniforme.

- En un procesador de alimentos, combine todos los ingredientes para el relleno y mezcle hasta que esté completamente suave, durante unos 5 minutos, raspando los lados a menudo. Reparta el relleno de manera uniforme en el molde desmontable preparado y hornee durante 15 minutos.

- Reduzca el calor a 250°F, sin sacar la tarta de queso del horno, y hornee durante 60 minutos más. Apague el horno y deje que la tarta de queso permanezca durante 1 hora más. Deje que se enfríe durante 1 hora a temperatura ambiente en una rejilla de alambre y luego transfiérala al refrigerador para que se enfríe durante la noche. Guárdela en un recipiente hermético en el frigorífico durante un máximo de 4 días.

TARTA DE QUESO CON CARAMELO Y CHAI

RENDIMIENTO: 10 RACIONES

Esta versión del clásico postre es pura decadencia. Si realmente te gusta la canela, el clavo y la pimienta de Jamaica, sírvelo con una taza de chai bien caliente para conseguir el máximo placer picante.

CRUST

6 onzas (170 g) de pacanas

3 cucharadas de margarina no láctea derretida

3 cucharadas de azúcar

2 cucharadas de harina de arroz integral superfina

RELLENO

1 (350 g) paquete de tofu sedoso extrafuerte

3 tarrinas (8 onzas) de queso crema no lácteo, como Tofutti

⅔ taza de azúcar moreno ligero envasado

5 cucharadas de harina de arroz integral superfina

¼ de cucharadita de sal marina

1 cucharadita de canela

⅛ cucharadita de pimienta de Jamaica

¼ de cucharadita de pimienta negra molida

¼ de cucharadita de clavo de olor molido

⅛ cucharadita de cardamomo

1 cucharadita de extracto de vainilla

1 receta de salsa de caramelo

Para la corteza

- Precalentar el horno a 400°F. Triturar las nueces en un procesador de alimentos hasta que se desmenucen. Incorporar el resto de los ingredientes de la corteza y presionar (con las manos espolvoreadas con harina de arroz integral superfina) en un molde desmontable de 8 pulgadas.
- Hornear durante 10 minutos y retirar del horno.

Para el relleno

- Poner todos los ingredientes del relleno en un procesador de alimentos y batir hasta que quede muy suave, durante al menos 5 minutos. Extienda la masa preparada y métala en el horno precalentado durante 15 minutos.
- Reduzca la temperatura a 250°F y deje que el cheesecake se hornee durante 60 minutos más. Apague el horno y deje que se enfríe hasta 2 horas más mientras permanece en el horno. Enfríe en el refrigerador durante la noche y luego haga la Salsa de Caramelo justo antes de servir, para que tenga salsa de caramelo caliente sobre un cheesecake frío. Cubra con la crema de coco batida azucarada. Guárdelo en un recipiente hermético en el frigorífico hasta 4 días.

TARTA DE QUESO CON CALABAZA Y NUECES

RENDIMIENTO: 12 RACIONES

¿Qué podría ser más apropiado para el otoño que esta combinación de sabores? Si está buscando una maravillosa alternativa (o complemento) a la tarta de calabaza en Acción de Gracias, no busque más.

CRUST

1 cucharada de harina de linaza

2 cucharadas de agua

2 tazas de nueces

¼ de cucharadita de sal

¼ de taza de azúcar moreno

RELLENO

1 bloque de tofu sedoso firme

2 tarrinas (8 onzas) de queso crema no lácteo, como Tofutti

1 taza de azúcar

¼ de taza más 2 cucharadas de harina de arroz integral

¼ de taza de zumo de limón

1 lata (15 onzas) de puré de calabaza

⅓ taza de azúcar moreno

1 cucharadita de canela

½ cucharadita de especia de pastel de calabaza

- Precaliente el horno a 400°F. Engrasa ligeramente los lados de un molde desmontable de 8 pulgadas.
- En un bol pequeño, mezclar la harina de linaza y el agua. Dejar reposar durante 5 minutos, hasta que esté gelificada. En un procesador de alimentos, mezcle las pacanas, la sal y el azúcar moreno hasta que la mezcla se asemeje a migajas gruesas. Añada la harina de linaza

preparada y vuelva a pulsar hasta que las pacanas se conviertan en una masa suelta. Presione en el fondo del molde desmontable preparado y hornee durante 10 minutos.

• Mientras tanto, limpie el procesador de alimentos y mezcle el tofu, el queso crema no lácteo, el azúcar, ¼ de taza de harina de arroz integral y el zumo de limón. Mezclar hasta que esté completamente suave, durante unos 2 minutos, raspando los lados cuando sea necesario. Saque aproximadamente 1 taza de esta mezcla y extiéndala uniformemente sobre la corteza para formar una fina capa blanca.

• Añada la calabaza enlatada, el azúcar moreno, la canela, la especia de pastel de calabaza y las 2 cucharadas restantes de harina de arroz integral. Vuelva a batir hasta que esté completamente suave, raspando los lados si es necesario. Extienda la mezcla por encima de la capa blanca.

• Hornee durante 15 minutos. Reduzca la temperatura del horno a 325°F y hornee durante una hora más. Apague el horno y deje que la tarta de queso permanezca durante aproximadamente 1 hora. Enfríe completamente durante la noche antes de servir. Guarde en un recipiente hermético en el refrigerador hasta por 3 días.

TARTA DE QUESO CON BROWNIE DE CHOCOLATE

RENDIMIENTO: 10 RACIONES

Esta tarta de queso tiene un ingrediente especial súper secreto: ¡alubias negras! Pero no se nota: en la repostería sin gluten, a menudo las alubias y las legumbres pueden ser nuestras mejores amigas, ya que aportan un poco de subida y mucho poder aglutinante, además de un sabor totalmente neutro, por lo que no probarás nada más que la bondad del chocolate.

CRUST

1 taza de harina de avellana (avellanas finamente molidas)

2 cucharadas de cacao en polvo

3 cucharadas de azúcar

3 cucharadas de margarina no láctea derretida o aceite de coco

RELLENO

⅔ taza de azúcar

3 tarrinas (8 onzas) de queso crema no lácteo, como Tofutti

1 taza de frijoles negros enlatados, escurridos y enjuagados

½ taza de leche no láctea

¼ de taza de harina de arroz integral

2 tazas de chispas de chocolate no lácteo, derretidas

- Engrase los lados de un molde desmontable de 8 pulgadas y precaliente el horno a 400°F.
- En un bol pequeño, mezcle la harina de avellana, el cacao en polvo y el azúcar. Añada la margarina derretida y remueva para combinarla. Presione la mezcla en el fondo del molde para formar una capa uniforme. Hornear durante 9 minutos. Retirar del horno y bajar la temperatura a 375°F.
- En un procesador de alimentos, mezcle todos los ingredientes del

relleno, uno a la vez, en el orden indicado, asegurándose de que todos los ingredientes se hayan mezclado completamente antes de agregar las chispas de chocolate derretidas.

- Extienda la mezcla de relleno de manera uniforme sobre la corteza precocida. Hornee durante 30 minutos y luego reduzca la temperatura del horno a 325°F. Hornee durante 40 minutos más. Apague el horno y deje reposar la tarta de queso durante 2 horas. Enfríe por completo (es mejor dejarla toda la noche) antes de servirla. Guarde en un recipiente hermético en el refrigerador hasta por 4 días.

TARTAS, PASTELES Y PASTAS

TARTA DE CHOCOLATE Y PISTACHO

RENDIMIENTO: 8 RACIONES

Me encanta el contraste del relleno de chocolate intenso con la corteza salada de pistacho. Esta tarta se congela muy bien y se puede descongelar en la nevera durante la noche el día antes de servirla.

CRUST

2 cucharadas de harina de linaza 3 cucharadas de agua

1 taza de pistachos, triturados hasta que se desmenucen (más pistachos triturados para decorar)

3 cucharadas de harina de maíz amarilla fina

2 cucharadas escasas de azúcar

½ cucharadita de sal

3 cucharadas de aceite de oliva

RELLENO

2½ tazas de chispas de chocolate semidulce no lácteo

1⅓ tazas de leche de coco

1 cucharadita de extracto de vainilla

⅛ cucharadita de comino molido

¼ de cucharadita de sal marina

- Precalentar el horno a 400°F.
- En un bol pequeño, combinar la harina de linaza con el agua y dejar reposar hasta que se gelifique, durante unos 5 minutos. En otro bol pequeño, bata los pistachos, la harina de maíz, el azúcar y la sal hasta que estén bien combinados. Mezclar uniformemente el aceite de oliva y el gel de linaza, con las manos limpias.
- Presione la corteza en un molde para tartas de tamaño estándar, de

aproximadamente ⅛ pulgadas de grosor. Hornee durante 10 minutos. Retirar y dejar enfriar completamente.

• Para hacer el relleno, coloque las chispas de chocolate en un bol grande apto para el calor.

• En una cacerola pequeña, combinar la leche de coco, el extracto de vainilla, el comino y la sal y llevar a ebullición a fuego medio. Una vez burbujeante, vierta la mezcla de chocolate y mézclela bien. Extienda la mezcla de chocolate en la masa y déjela enfriar a temperatura ambiente, durante aproximadamente 1 hora. Espolvorear con los pistachos triturados y trasladar al frigorífico para que se enfríe completamente hasta que esté firme. Guárdelo en un recipiente hermético en el frigorífico durante un máximo de 2 días.

TARTA DE ARÁNDANOS

RENDIMIENTO: 8 RACIONES

Este brebaje afrutado es bonito y delicioso. Recomiendo las frambuesas rojas porque quedan muy bien con las peras de color ámbar. La tarta es fácil de preparar y tiene una textura sedosa de crema pastelera que te hará desear una segunda porción.

½ receta de Flakey Classic Piecrust

⅓ taza de harina de besan/garbanzos

3 cucharadas de maicena

⅓ taza de azúcar

½ cucharadita de sal

1 taza de frambuesas rojas u otra baya

2 peras medianas, peladas, descorazonadas y cortadas en rodajas

⅓ taza de azúcar turbinado

- Precalentar el horno a 400°F.
- Prepare la masa como se indica y póngala a enfriar en la nevera durante 30 minutos. Extienda la masa entre dos hojas de papel pergamino hasta que tenga un grosor de ¼ de pulgada. Volcar en un molde de tarta de 8 pulgadas y presionar la masa en el molde, recortando el exceso.
- En un bol mediano, bata el besan, la maicena, el azúcar y la sal. Enjuague las bayas y páselas por la mezcla de harina para cubrirlas uniformemente. Retíralas y resérvalas. Incorpore también las peras cortadas a la mezcla y, a continuación, coloque las peras y las bayas en el molde de la tarta de forma rústica (sin necesidad de un patrón elegante). Cubra con una capa uniforme de azúcar turbinado. Hornee de 35 a 40 minutos, o hasta que la corteza esté dorada en los bordes. Guárdela en un recipiente hermético en el frigorífico durante un máximo de 2 días.

TARTA DE MANZANA CON ALMENDRAS

RENDIMIENTO: 4 RACIONES

Este elegante postre, que presenta la fragante combinación de almendras y manzanas, se prepara sin esfuerzo si ya tienes un poco de hojaldre congelado. Tendrá un postre elegante listo para impresionar en un abrir y cerrar de ojos. Esta tarta también se conserva bien si se refrigera hasta 1 semana; simplemente se recalienta a 350°F durante 10 minutos y se espolvorea con un toque de azúcar turbinado antes de servir.

½ receta de hojaldre

2 cucharadas de azúcar turbinado

1 manzana Granny Smith grande, pelada y cortada en rodajas finas

1 cucharadita de zumo de limón o lima

½ taza de azúcar moreno, más 2 cucharadas para espolvorear por encima

1 cucharadita de extracto de vainilla

⅛ cucharadita de sal

3 cucharadas de maicena

2 cucharadas de harina de almendra

- Coloque un rectángulo de masa de hojaldre refrigerada entre dos hojas de papel pergamino y extiéndalo con cuidado hasta obtener un rectángulo de aproximadamente 5 × 8 pulgadas. Transfiera la masa a una bandeja para hornear forrada con papel pergamino o un tapete de silicona. Doble los bordes de la corteza para formar un labio, doblando suavemente la parte superior sobre sí misma. Espolvorear uniformemente con las 2 cucharadas de azúcar turbinado.
- En un cuenco mediano, mezcle las manzanas con el zumo de limón y, a continuación, con el resto de los ingredientes, hasta que las manzanas estén bien cubiertas. Colocar las manzanas en el molde de la tarta en una capa uniforme, superponiendo cada rodaja para formar un patrón. Espolvorear con las 2 cucharadas de azúcar moreno.
- Hornear de 35 a 40 minutos, o hasta que las manzanas estén tiernas y la corteza esté dorada. Guardar en un recipiente hermético hasta 2 días.

TARTA DE ARÁNDANOS Y CHOCOLATE BLANCO CON CÍTRICOS

RENDIMIENTO: 10 RACIONES

El chocolate blanco y los arándanos es una combinación muy popular; la adición de naranja en este caso crea un agradable sabor. Puedes hacer tu propio chocolate blanco sin lácteos para esta tarta o buscar tu marca favorita en otro sitio.

CRUST

1¾ tazas de harina de almendra

¼ de taza de azúcar moreno

3 cucharadas de aceite de coco líquido

Una pizca de sal

TOPPING

1½ tazas de arándanos frescos

¼ de taza de azúcar

RELLENO

2 tazas de anacardos crudos, remojados al menos 3 horas y escurridos

¼ de taza de azúcar

½ taza de zumo de naranja

1 cucharadita de ralladura de naranja

150 g de chocolate blanco no lácteo

Para la corteza

- Precalentar el horno a 400°F.
- En un bol pequeño, mezclar la harina de almendras y el azúcar moreno. Incorporar el aceite de coco derretido y la sal hasta que esté completamente mezclado. Utilizar las manos ligeramente engrasadas o el fondo de un vaso y presionar la mezcla en un molde de tarta de 8

pulgadas.

- Hornee la corteza durante 10 minutos en su horno precalentado. Retira del horno y deja que se enfríe por completo.

Para la cobertura

- Combinar los arándanos y el azúcar en una cacerola pequeña y cocinar a fuego medio, removiendo a menudo, hasta que los gránulos de azúcar se hayan disuelto completamente. Aumentar ligeramente la temperatura para reducir hasta que espese, durante unos 5 minutos.

Para el relleno

- En un procesador de alimentos, mezcle los anacardos con el azúcar, el zumo de naranja y la ralladura hasta que quede muy, muy suave, durante unos 5 minutos. Al baño María, derretir el chocolate blanco y mezclarlo con el resto de los ingredientes.
- Rápidamente, extienda el relleno de anacardos en la corteza de la tarta enfriada y cubra con la mezcla de arándanos. Pasar suavemente un cuchillo por la parte superior del relleno para hacer un remolino. Enfríe en la nevera hasta que esté firme. Guárdelo en un recipiente hermético en la nevera hasta 2 días.

TARTALETAS DE CHOCOLATE BLANCO Y MANTEQUILLA DE CACAHUETE

RENDIMIENTO: 12 TARTAS

Los pretzels salados combinan maravillosamente con el dulzor combinado del chocolate blanco y la mantequilla de cacahuete y se presentan en un bonito envase de tartaleta.

1½ tazas de galletas saladas sin gluten trituradas

6 cucharadas de margarina no láctea ablandada

2 cucharadas de azúcar

1 taza de chispas de chocolate blanco no lácteo

½ taza de mantequilla de cacahuete suave

¼ de taza de leche de coco en lata

1 taza de leche no láctea

- Precaliente el horno a 350°F. Reúna unos doce moldes de tarta de 2 pulgadas y rocíe ligeramente con aceite de cocina antiadherente.
- Combine los pretzels triturados, la margarina y el azúcar hasta que estén muy bien mezclados. Asegúrese de que no haya grumos de margarina. Al presionarla, la mezcla debe mantener su forma. Es posible que tenga que añadir un poco más de margarina si se siente demasiado desmenuzada... pero sólo una cucharada más o menos.
- Presione suavemente las migas en los moldes de la tarta, haciendo una corteza uniforme de aproximadamente ¼ de pulgada de espesor. Manejar con cuidado.
- Hornear durante unos 12 minutos, o hasta que se doren. Retirar las tartas del horno y dejarlas enfriar en rejillas.
- Una vez que las cortezas estén frías, comience a preparar el relleno.
- Colocar las chispas de chocolate blanco en un bol mediano. En una cacerola pequeña, combinar la mantequilla de maní, la leche de coco y la leche no láctea y cocinar a fuego medio, revolviendo constantemente con un batidor de alambre.
- Una vez que la mezcla comience a burbujear y esté muy caliente, vierta sobre las chispas de chocolate blanco, removiendo rápidamente para que se derritan. Vierta la mezcla en los moldes de las tartas preparadas y déjela enfriar a temperatura ambiente durante una hora aproximadamente antes de trasladarla al frigorífico para que se enfríe por completo. Guárdelo en un recipiente hermético en el frigorífico durante un máximo de 2 días.

ZAPATERO DE MELOCOTÓN

RENDIMIENTO: 8 RACIONES

Este cobbler es una forma perfecta de utilizar un montón de fruta, especialmente cuando tienes un montón de melocotones duros rodando por ahí, lo que suele ocurrirme bastante a menudo durante el verano (¡compro en exceso y no quiero esperar a que maduren todos!). Se puede utilizar cualquier fruta de hueso; ¡prueba esta receta también con ciruelas o albaricoques!

4 melocotones (unas 4½ tazas) pelados y cortados en rodajas

½ taza de azúcar

¼ de cucharadita de pimienta de Jamaica molida

3 cucharadas de maicena

⅓ taza de fécula de patata

⅓ taza de harina de arroz blanco

⅓ taza de harina de besan/garbanzos

1 cucharadita de goma xantana

1 cucharadita de polvo de hornear

3 cucharadas de azúcar

6 cucharadas de margarina no láctea

¼ de taza + 2 cucharadas de leche no láctea

1 cucharadita de zumo de limón

- Precaliente el horno a 375°F y engrase ligeramente una fuente de horno pequeña de gres o cerámica, de unos 5 × 9 pulgadas.
- En un bol mediano, mezcle los melocotones, el azúcar, la pimienta de Jamaica y la maicena. Colóquelos en la fuente de horno engrasada en una capa uniforme.
- En un bol aparte, bata la fécula de patata, la harina de arroz blanco, el besan, la goma xantana, la levadura en polvo y el azúcar. Incorporar la margarina y batir con una batidora de repostería hasta que se formen migajas uniformes. Añada la leche no láctea y el zumo de limón y remueva hasta que esté suave.
- Coloque las galletas a cucharadas sobre los melocotones cortados. Hornee de 35 a 40 minutos, o hasta que la parte superior de las galletas esté dorada y burbujeante. Guárdelo en un recipiente hermético hasta 1 día.

CLAFOUTIS DE CEREZA

RENDIMIENTO: 8 RACIONES

Esta receta es un uso tan perfecto para las cerezas frescas, ya que este postre realmente acentúa el color y el sabor de la fruta fresca de corta duración. ¿No hay cerezas de temporada? Buenas noticias: ¡las cerezas congeladas también sirven! Gracias a Lydia, que hizo la prueba para este libro de cocina, por el consejo.

½ bloque de tofu extrafuerte, escurrido pero sin prensar (unos 215 g)

1½ tazas de harina de besan/garbanzos

1½ tazas de leche no láctea

1 cucharadita de polvo de hornear

2 cucharadas de harina de tapioca

¾ de taza de azúcar

¾ de cucharadita de sal marina

1 cucharadita de extracto de vainilla

2 tazas de cerezas sin hueso

¼ de taza de azúcar glas

- Precaliente el horno a 350°F y engrase una sartén de hierro fundido de 8 pulgadas o un molde de cristal para tartas con suficiente margarina para cubrirlo.
- Ponga todos los ingredientes, excepto las cerezas y el azúcar glas, en una batidora y bátalos hasta que la mezcla sea uniforme y muy suave, raspando los lados cuando sea necesario. Vierta la masa en el molde preparado y, a continuación, salpique uniformemente las cerezas deshuesadas, colocándolas a una distancia de aproximadamente ½ pulgada por encima de la masa.
- Hornear de 50 a 55 minutos, o hasta que al insertar un cuchillo en el centro éste salga limpio. Dejar enfriar completamente y espolvorear con azúcar glas antes de servir. Guardar en un recipiente hermético hasta 2 días en la nevera.

MANZANA CRUJIENTE

RENDIMIENTO: 6 RACIONES

Este sencillo y rústico postre es tan fácil de preparar como delicioso. Sírvelo a la moda para que sea una delicia. Mi tipo favorito de manzana para usar en esto es la Granny Smith, pero cualquier variedad crujiente servirá.

5 manzanas, peladas y cortadas en rodajas de ½ a ¼ de pulgada de grosor

¾ de taza de azúcar moreno

½ taza de harina de arroz integral

¼ de taza de fécula de patata

1 cucharadita de canela

¾ de taza de avena certificada sin gluten

⅓ taza de margarina no láctea

• Precaliente el horno a 375°F. Engrase ligeramente una fuente de cerámica para hornear o un molde para tartas, de unas 8 × 8 pulgadas. Coloque las manzanas en rodajas de manera uniforme para cubrir el fondo de la fuente de horno.

• En un bol mediano, bata el azúcar moreno, la harina de arroz integral, la fécula de patata, la canela y la avena. Incorporar la margarina con la batidora hasta que se desmenuce. Espolvorear generosamente sobre las manzanas.

• Hornear de 35 a 40 minutos, hasta que esté dorado y burbujeante. Almacenar en un recipiente hermético en el refrigerador hasta por 2 días.

MILLE-FEUILLE

RENDIMIENTO: 8 RACIONES

Elegante y con clase, este postre francés hará que sus invitados se queden boquiabiertos. Aunque parece complicado, en realidad es muy fácil una vez que se ha preparado el hojaldre. Sólo hay que montarlo y servirlo.

½ receta de hojaldre

½ receta de Mascarpone

1 taza de azúcar glas

½ taza de conservas de fresa

¼ de taza de nibs de cacao

½ taza de chocolate fundido

Fresas para decorar

- Precaliente el horno a 400°F. Forrar una bandeja para hornear grande con papel pergamino o un tapete de silicona. Extienda la masa de hojaldre en un rectángulo de aproximadamente ¼ de pulgada de grosor. Enfríelo brevemente en el congelador, durante unos 10 minutos, y luego córtelo con cuidado en rectángulos de tamaño uniforme, de unos 2,5 × 4 pulgadas. Con una espátula metálica plana, transfiera con cuidado el hojaldre a la bandeja de horno preparada, con una separación de aproximadamente ½ pulgada. Hornee de 15 a 20 minutos, hasta que se hinche y se dore. Deje que se enfríe completamente y luego monte el postre.

- Mezclar el Mascarpone con el azúcar glas y ponerlo en una manga pastelera equipada con una punta de estrella. Unte la parte superior de cada rectángulo de pastelería con la confitura de fresa y, a continuación, coloque círculos de la mezcla de Mascarpone hasta cubrir la parte superior del rectángulo. Espolvorear con nibs de cacao. Cubra con otro rectángulo de pastelería glaseado con confitura de fresa y, de nuevo, extienda otra capa de mascarpone y espolvoree con nibs de cacao. Cubrir con un último rectángulo de hojaldre glaseado con confitura de fresa y rociar con chocolate derretido. Cubrir con una fresa cortada por la mitad. Enfriar durante 1 hora en el frigorífico y servir frío.

MINI DONUTS DE ARCE

RENDIMIENTO: 24 ROSQUILLAS

Si hay algo que me hace volver a la tienda de donuts de cuando era niño, son estos. Estos donuts básicos tienen un toque de arce, no demasiado empalagoso. El glaseado también va bien con una variedad de otros postres, como el Devil's Food Cake, las Maple Cookies o incluso las Classic Chocolate Chip Cookies.

DONUTS

⅓ taza + 2 cucharadas de harina de sorgo

⅓ taza + 2 cucharadas de fécula de patata

¼ de taza de harina de tapioca

¼ de taza de harina de arroz integral

¾ de cucharadita de goma xantana

½ cucharadita de sal

1 cucharadita de polvo de hornear

3 cucharadas de aceite de oliva

⅓ taza + 1 cucharada de jarabe de arce

½ taza de azúcar moreno

⅓ taza + 2 cucharadas de leche no láctea

1 cucharada de vinagre de sidra de manzana

GLAZE

1¼ tazas de azúcar de repostería

2 cucharadas de leche no láctea

1 cucharadita de jarabe de maíz ligero

1 cucharadita de jarabe de arce

1 cucharadita de extracto de arce

Una pizca de sal

- Precaliente el horno a 325°F y coloque la rejilla del horno en el centro del mismo. Engrasa ligeramente un molde para donas de tamaño mini.

- Combinar todos los ingredientes hasta la sal en un bol mediano y batir hasta que estén bien combinados. Añada gradualmente el resto de los ingredientes de los donuts, en el orden indicado, y mezcle bien hasta que no queden grumos. Debe quedar una masa pegajosa.
- Llenar los moldes del molde para donuts con la masa. Hornear durante 25 minutos. Dejar enfriar completamente y luego glasear.

- Para hacer el glaseado, simplemente bata todos los ingredientes hasta que esté suave. Cubra los donuts enfriados completamente con el glaseado y colóquelos en una rejilla para que se endurezcan. Deje que el glaseado se endurezca completamente antes de servir. Guárdelo en un recipiente hermético hasta 4 días.

Me gusta utilizar jarabe de maíz en mis glaseados, ya que realmente recrea la textura de la tienda de donuts; sin embargo, puede sustituir el jarabe de maíz por 1 cucharadita de jarabe de arce, lo que hará que la textura del glaseado tenga una ligera variación.

GOFRES BELGAS

RENDIMIENTO: 7 GOFRES

Por supuesto, no necesitas una gofrera belga para disfrutar de estos, cualquier tipo servirá, ¡pero definitivamente son más grandes! Ponle tus ingredientes favoritos... Yo prefiero la compota de cereza y vainilla o la crema de coco azucarada.

1 taza de harina de sorgo

½ taza de harina de arroz integral superfina

¼ de taza de fécula de patata

¼ de taza de harina de tapioca

1 cucharadita de goma xantana

4 cucharadas de azúcar

4 cucharaditas de levadura en polvo

¾ de cucharadita de sal

2 cucharadas de zumo de limón

5 cucharadas de aceite de oliva

1 cucharadita de extracto de vainilla

½ taza de leche de coco entera en lata

1½ tazas de agua

- En un bol mediano, bata la harina de sorgo, la harina de arroz integral superfina, la fécula de patata, la harina de tapioca, la goma xantana, el azúcar, la levadura en polvo y la sal.
- Formar un pozo en el centro de la mezcla de harina y añadir el zumo de limón, el aceite de oliva, el extracto de vainilla, la leche de coco y el agua.
- Remover suavemente con un tenedor hasta que se combinen todos los ingredientes, y luego utilizar un batidor para que la masa quede completamente lisa.
- Calienta tu gofrera belga y rocía ligeramente con spray antiadherente para cocinar. Vierta aproximadamente 1¼ tazas de masa (dependiendo del tamaño de su gofrera) y cierre. Cocine durante unos 2 minutos, o hasta que el gofre esté dorado y se desprenda fácilmente de la gofrera.

FRITTERS DE MANZANA

RENDIMIENTO: 15 BUÑUELOS

Al igual que las tartas de manzana de bolsillo, estos buñuelos crujientes son difíciles de resistir. Me encanta hacerlos cuando compro de más durante la temporada de manzanas, ya que es una receta estupenda para que los amigos y la familia engullan todas esas manzanas de más rápidamente. Necesitarás una freidora para conseguir un crujido perfecto y una cocción rápida y uniforme.

3 manzanas peladas

1 taza de harina de besan/garbanzos, más ½ taza para el dragado

⅔ taza de azúcar

⅔ taza de leche no láctea

½ cucharadita de sal

½ cucharadita de canela Aceite para freír

Azúcar turbinado y de confitería para espolvorear

- Precaliente la freidora a 360°F. Corta las manzanas en círculos de ¼ a ½ pulgada de grosor y utiliza un cortador de galletas circular pequeño o un descorazonador de manzanas para quitar las semillas y formar anillos.
- En un bol mediano, bata el besan, el azúcar, la leche no láctea, la sal y la canela hasta que no haya problemas. Una vez que la freidora esté lista, reboza las rodajas de manzana en el besan extra y luego sumérgelas en la masa para cubrirlas completamente.
- Fría las manzanas de tres a cuatro a la vez durante 5 minutos, dándoles la vuelta a los dos tercios del tiempo de cocción. Páselas a una bandeja para hornear forrada con una toalla de papel o una bolsa de papel (estarán blandas al principio) y luego espolvoree con azúcar turbinado y de confitería. Repita la operación hasta que todas las rebanadas de masa/manzana se hayan frito.
- Dejar enfriar al menos 10 minutos antes de servir. Servir el mismo día, mejor dentro de 1 hora de preparación.

PASTAS TOSTADAS DE FRESA

RENDIMIENTO: 6 PASTELES

Cuando era niño, estaba obsesionado con los pasteles de caja para tostar, pero, a medida que crecía y me volvía más sabio sobre la comida, no me impresionaban sus larguísimas listas de ingredientes. Estos pasteles son igual de sabrosos sin los ingredientes impronunciables. También encontrará una variante con azúcar moreno a continuación.

RELLENO

3 cucharadas de mermelada de fresa

1½ cucharaditas de maicena mezclada con

1½ cucharaditas de agua

Una pizca de sal

1 receta de Flakey Classic Piecrust

1 cucharada de harina de linaza

2½ cucharadas de agua

- En un tazón pequeño, combine los ingredientes para el relleno hasta que esté suave. Precaliente el horno a 350°F.
- Prepare la masa para tartas Flakey Classic según las instrucciones de la receta y enfríela durante unos 15 minutos en el congelador. Extienda la masa entre dos hojas de papel pergamino hasta que tenga un grosor de ¼ de pulgada. Utilice una rueda de pizza o un cuchillo plano grande para cortar la masa en doce rectángulos uniformes, de aproximadamente 3 × 4 pulgadas de ancho; utilice una espátula de metal para ayudar a transferir seis de los rectángulos a una bandeja para galletas cubierta con pergamino o tapete de silicona. Coloque los rectángulos con una separación de unos 2,5 cm.
- Combinar la harina de linaza y el agua y dejar reposar hasta que se espese, durante unos 5 minutos. Pincelar ligeramente la parte superior de los rectángulos en la bandeja de galletas con el gel de linaza. Coloque aproximadamente 1½ cucharadas de relleno en el centro de

los seis rectángulos. Utilice una espátula para ayudar a transferir los seis rectángulos restantes para cubrir cada montículo de relleno.

- Con las púas de un tenedor, se doblan los lados de la masa para sellarla. Pincelar ligeramente las partes superiores con gel de linaza adicional y hacer unos siete agujeros en las partes superiores de cada pastel. Hornee de 30 a 35 minutos, o hasta que se doren los bordes. Deje enfriar completamente y tueste en el horno tostador antes de servir. Cubra con Royal Icing o déjelo sin rellenar. Guardar en un recipiente hermético hasta 2 días.

VARIACIÓN DE AZÚCAR MORENO Y CANELA

¼ de taza de azúcar moreno

½ cucharadita de canela

2 cucharadas de harina de arroz integral

Bata los ingredientes y utilícelos en lugar del relleno de fresa de la receta. Cubra con glaseado de vainilla o de arce.

Capítulo 5

FABULOSAS GOLOSINAS CONGELADAS

Relájate con las delicias de las siguientes páginas. Tanto si te apetece un dulce en verano como si necesitas algo de combustible para relajarte durante un maratón de películas en invierno, te alegrarás de tener estas recetas a mano (o en el congelador) cuando se te antoje. Te sorprenderá que las leches no lácteas, como la de almendras, la de anacardos y la de coco, hacen un trabajo extraordinario a la hora de replicar esa textura cremosa y de ensueño que ansiamos del helado de estilo tradicional. A la hora de elegir las leches alternativas para su helado, al igual que el helado tradicional, cuanto mayor sea el contenido de grasa, mejor.

Hacer helado sin máquina

Aunque es posible hacer helados sin una máquina de helados, recomiendo que se consiga una máquina de helados (desde la de manivela hasta la totalmente eléctrica) si se hacen con frecuencia, como hago yo. Es la mejor manera de crear sabores únicos que son difíciles de conseguir en las versiones sin leche/huevo del supermercado o de la gelataria local.

Recomiendo el uso de una máquina sólo por la cantidad de aire que puede incorporarse a la mezcla mientras se congela, lo que resulta en una textura más ligera y aireada, que es difícil de replicar sin una máquina. Sin embargo, es fácil acercarse a ella. Lo más importante es que recomiendo empezar con una base que tenga un alto contenido en grasa, como el helado de vainilla o el de avellana. Esto ayudará a reducir las probabilidades de que se formen cristales de hielo durante la congelación, lo que producirá un producto más suave y cremoso. Además, añadir un toque de alcohol (como vodka o bourbon) a la mezcla, o utilizar una receta que incorpore alcohol antes de la congelación, también ayudará a reducir la cristalización.

Siga las instrucciones para preparar la receta elegida y, a continuación, coloque la mezcla en un bol de acero inoxidable o de cristal y enfríela completamente en el frigorífico, hasta 8 horas. Bata bien para remover y luego vierta la mezcla en una sartén antiadherente (el plástico funciona bien), removiendo con un batidor después de añadirla. Cubra ligeramente con papel de plástico. Deje que la mezcla se enfríe en el congelador durante 30 minutos y vuelva a batir. Puede incorporar más aire utilizando una batidora de mano para mezclar. Deje enfriar otros 30 minutos y vuelva a batir (o mezclar). Repita la operación hasta que el helado esté completamente congelado y cremoso. Pasar a un recipiente flexible y hermético. La mayoría de los helados duran en el congelador unos 3 meses.

HELADOS Y GELATINAS

REFRESCO DE VAINILLA

RENDIMIENTO: 1 PINTADA

Me encantan los sabores y los complementos de todo tipo, pero si tuviera que elegir un sabor de helado favorito, no sería nada del otro mundo, sino simplemente vainilla. Este helado es rico y de ensueño y tiene un ligero sabor a vainilla que perdura.

1 taza de azúcar

1 cucharada de agave

½ cucharadita de goma xantana

2 cucharadas de extracto de vainilla

2 cucharadas de aceite de coco o margarina no láctea

1 taza de leche no láctea (recomendamos la de almendras o anacardos)

1 taza de leche de coco entera en lata

- En un bol grande, bata el azúcar, el agave, la goma xantana, el extracto de vainilla, el aceite de coco y la leche no láctea. Páselo a una batidora y procéselo hasta que quede totalmente homogéneo. Bata la 1 taza de leche de coco y procese en una heladera según las instrucciones del fabricante o procese según las instrucciones de este libro. Una vez licuado, guárdelo en un recipiente hermético y flexible y congélelo al menos 6 horas antes de servirlo. Se conserva hasta 3 meses congelado.

HELADO DE CHOCOLATE ESPRESSO

RENDIMIENTO: 1 CUARTO

Este postre distintivo es como una bebida indulgente en una cafetería: tan oscuro y cremoso que le hará pedir un doppio.

⅔ taza de crema agria no láctea o yogur natural

1 taza de azúcar glas

½ taza de cacao en polvo

2 cucharaditas de espresso en polvo

1 lata (13,5 onzas) de leche de coco entera

¼ de cucharadita de sal

- En un recipiente grande, bata todos los ingredientes hasta que estén completamente suaves y no queden grumos. Procesar en una heladora según las instrucciones del fabricante, o procesar según las instrucciones de este libro. Pasar a un recipiente flexible y hermético y congelar al menos 6 horas antes de servir. Se conserva hasta 3 meses congelado.

HELADO DE NUEZ DE MANTEQUILLA

RENDIMIENTO: 1 CUARTO

Cuando pienso en el helado de nuez de mantequilla, pienso en mi padre. No estoy segura de que fuera su sabor favorito, pero siempre teníamos un cartón en el congelador cuando yo crecía, lo que sin duda contribuyó a que fuera uno de *mis* sabores de helado favoritos.

1 taza de nueces

1 taza de azúcar moreno

1 lata (13,5 onzas) de leche de coco entera

1 cucharada de margarina no láctea

¼ de cucharadita de goma xantana

½ cucharadita de sal

1 cucharadita de extracto de vainilla

2 tazas de leche de almendras

1 cucharada de almidón de maíz

1 cucharada de agua

- Precalentar el horno a 400°F. Esparcir las pacanas uniformemente en una bandeja metálica para hornear y tostarlas durante 7 minutos, o hasta que estén fragantes. Dejar enfriar, picar y reservar.

- En una cacerola de 2 cuartos, bata el azúcar moreno, la leche de coco, la margarina, la goma xantana, la sal y el extracto de vainilla. Calentar la mezcla a fuego medio-alto hasta que el azúcar se disuelva y la margarina se derrita. Añadir la leche de almendras. En un bol pequeño, bata la maicena y el agua para mezclarlas bien. Incorporar la mezcla de maicena al cazo y seguir calentando a fuego medio. Remover constantemente hasta que la mezcla cubra el dorso de una cuchara. Retirar del fuego y pasarla a un bol metálico. Colocar en el frigorífico y enfriar la mezcla hasta que se enfríe.

- Procesar en una heladora según las instrucciones del fabricante, o procesar según las instrucciones de este libro. Una vez que el helado haya terminado de procesarse en la heladora, incorpore las nueces tostadas. Pasar a un recipiente flexible y hermético y congelar durante 6 horas. Guárdelo en el congelador hasta 2 meses.

HELADO DE CHOCOLATE Y AVELLANAS

RENDIMIENTO: 1 PINTADA

Para esta receta, utilice mantequilla de avellana con chocolate comprada en la tienda o hecha en casa.

½ taza de mantequilla de avellana de chocolate no láctea, como la marca Justin's

1 taza de leche no láctea

2 cucharadas de aceite de coco

½ cucharadita de goma xantana

⅛ cucharadita de sal

½ taza de azúcar turbinado

½ taza de yogur natural no lácteo

- Coloque todos los ingredientes en una licuadora y bátalos hasta que estén suaves, raspando los lados de la licuadora según sea necesario. Procese en su heladera según las instrucciones del fabricante o siga las indicaciones de este libro. Páselo a un recipiente flexible y hermético y guárdelo en el congelador durante al menos 6 horas. Se conserva hasta 3 meses congelado.

HELADO DE AZÚCAR MORENO CON MANTEQUILLA

RENDIMIENTO: 1 CUARTO

Este helado demuestra que se puede disfrutar de todo el sabor dulce de la mantequilla, sin ningún tipo de lácteo.

¼ de taza de margarina no láctea

1 taza de azúcar moreno (claro u oscuro)

½ cucharadita de goma xantana

1¾ tazas de leche de coco entera en lata

½ cucharadita de extracto de vainilla

⅔ taza de leche no láctea

- Caliente la margarina, el azúcar moreno, la goma xantana, la leche de coco y el extracto de vainilla justo hasta que el azúcar se disuelva y la margarina se derrita a fuego medio. Incorporar la leche no láctea y batir en la batidora. Enfriar durante unos 15 minutos y pasar a una heladora. Siguiendo las instrucciones del fabricante, procese el helado hasta que esté completamente congelado, o procese según las instrucciones de este libro. Pasar a un recipiente flexible y hermético y enfriar en el congelador durante al menos 6 horas. Conservar en el congelador hasta 3 meses.

HELADO DE FRESA

RENDIMIENTO: 1 CUARTO

Olvídate de los sabores artificiales, ¡la única manera de hacer helado de fresa es con fresas de verdad! Esto es lo más auténtico que puedes conseguir con la ayuda del tofu sedoso y la leche de coco para darle una cremosidad extra.

2 tazas de fresas enteras, sin tallos

1 bloque (12,3 onzas) de tofu sedoso firme

1 lata (13,5 onzas) de leche de coco entera 1 cucharadita de extracto de vainilla

¾ de taza de azúcar

1 cucharadita de aceite de coco

1 taza de fresas picadas en trozos de media pulgada

- Coloca las 2 tazas de fresas en una licuadora junto con el tofu sedoso, la leche de coco, el extracto de vainilla, el azúcar y el aceite de coco. Mezcla hasta que esté suave y luego transfiérelo al tazón de una máquina para hacer helados y procésalo de acuerdo con las instrucciones del fabricante, o sigue el método de este libro. Una vez que la mezcla esté casi congelada, tritura la taza restante de fresas y mézclala con el helado. Continúe procesando hasta que se congele y luego transfiera a un recipiente flexible y hermético. Congele 6 horas antes de servir. Se conserva hasta 3 meses congelado.

HELADO DE ANACARDO MATCHA

RENDIMIENTO: 1 CUARTO

El anacardo mágico sustituye a la tradicional nata montada en este cremoso postre. El té verde Matcha en polvo aporta un color y un sabor característicos, que combinan con la textura suave de este helado.

2 tazas de anacardos crudos

½ taza de agave

½ taza de leche no láctea

¼ de cucharadita de sal

1½ cucharaditas de polvo de matcha

1 plátano pequeño maduro

- Coloque los anacardos en un bol mediano y cúbralos con agua. Tapa con un plato llano y deja los anacardos en remojo durante al menos 3 horas, preferiblemente 4.
- Escurra los anacardos y páselos a un procesador de alimentos junto con el resto de los ingredientes. Mezclar hasta que esté muy suave, durante unos 8 minutos, raspando los lados a menudo. Puede hacerla aún más cremosa transfiriéndola a una batidora y mezclándola hasta que esté súper suave.
- Poner en el bol de una heladora y procesar según las instrucciones del fabricante, o seguir las instrucciones de este libro. Pasar a un recipiente flexible y hermético y congelar 6 horas antes de servir. Se conserva hasta 3 meses congelado.

HELADO DE MENTA Y CHOCOLATE

RENDIMIENTO: 1 CUARTO

El color verde brillante de este postre proviene de la adición de espinacas frescas, que juro por la vida de mi heladero que no se sabrá. Hazlo aún más saludable sustituyendo los trocitos de chocolate por nibs de cacao.

2 tazas de espinacas frescas envasadas

2 latas (13,5 onzas) de leche de coco entera

½ taza de azúcar

½ taza de azúcar de palma de coco

1 cucharada de agave

2 cucharaditas de extracto de menta

½ taza de trocitos de chocolate no lácteos

Poner todos los ingredientes hasta los trozos de chocolate en la batidora de alta velocidad y batir hasta que esté muy suave, raspando los lados cuando sea necesario. Verter en el bol de una heladora y procesar según las instrucciones del fabricante, o seguir las instrucciones de este libro. Una vez congelado, incorporar los trozos de chocolate y congelar durante al menos 6 horas. Guardar en un recipiente flexible y hermético en el congelador hasta 3 meses.

HELADO DE JUDÍAS NEGRAS

RENDIMIENTO: 1 CUARTO

Las alubias adzuki también funcionan bien aquí, aunque pueden ser más difíciles de conseguir.

1½ tazas de frijoles negros cocidos, enjuagados

1 lata (13,5 onzas) de leche de coco entera

¾ de taza de azúcar

1 cucharada de cacao en polvo

Una pizca de sal

⅛ cucharadita de goma xantana

- En una licuadora, haga un puré con todos los ingredientes hasta que estén muy suaves. Procese en su heladera según las instrucciones del fabricante, o siga las indicaciones de este libro. Guárdelo en un recipiente flexible y hermético y congélelo al menos 6 horas antes de servirlo. Se conserva hasta 3 meses congelado.

HELADO DE CALABAZA

RENDIMIENTO: 1 CUARTO

La primera vez que probé un helado con sabor a calabaza fue justo después de un paseo en heno con mi mejor amiga de la infancia cuando estábamos en la escuela secundaria. Fue un gran recuerdo, con el frío otoñal de la brisa nocturna y el olor de las hojas crujiendo bajo nuestros pies. Ahora, cada vez que pruebo un helado de calabaza, me siento transportada a ese día, con su felicidad otoñal.

1½ tazas de azúcar

1 lata (13,5 onzas) de leche de coco entera

2 cucharaditas de extracto de vainilla

1 lata (15 onzas) de puré de calabaza

1½ cucharaditas de canela

⅛ cucharadita de nuez moscada molida

⅛ cucharadita de clavo de olor

½ cucharadita de sal

• A fuego medio, en una cacerola de 2 cuartos, calentar el azúcar y la leche de coco hasta que el azúcar se haya disuelto por completo. Bata el extracto de vainilla, el puré de calabaza, las especias y la sal. Procesar en una heladora según las instrucciones del fabricante, o seguir las instrucciones de este libro. Pasar a un recipiente flexible y hermético y congelar al menos 6 horas antes de servir. Guárdelo en el congelador hasta 3 meses.

HELADO DE CHOCOLATE EARL GREY

RENDIMIENTO: 1 CUARTO

Esta popular combinación de sabores tiene su momento para brillar en esta receta. Las notas florales de Earl Grey son sutiles, pero inolvidables.

7 bolsas de té Earl Grey

¾ de taza de agua muy caliente

1 taza de chispas de chocolate no lácteo

¾ de taza de azúcar

1 lata (13,5 onzas) de leche de coco entera

1 cucharada de cacao en polvo extra oscuro

Una pizca de sal

¼ de cucharadita de goma xantana, opcional, para la cremosidad

½ taza de leche no láctea

- Remojar las bolsas de té en el agua caliente durante al menos 15 minutos. Exprime y retira las bolsitas de té y reserva el té.
- Poner las pepitas de chocolate en un bol grande apto para el calor.
- Combinar el azúcar, la leche de coco, el cacao en polvo, la sal y la goma xantana, si se utiliza, en una cacerola pequeña a fuego medio. Calentar hasta que esté caliente (no dejar que hierva) y verter sobre los trozos de chocolate para que se derritan. Añadir la leche no láctea y el té preparado y remover bien para combinar. Enfríe la mezcla en el frigorífico durante 1 hora.
- Colocar en una máquina de hacer helados y dejarla funcionar hasta que se espese y adquiera la consistencia de un helado blando, o seguir las instrucciones de este libro. Pasar inmediatamente a un recipiente flexible y hermético y enfriar al menos 6 horas hasta que esté firme. Se conserva hasta 3 meses congelado.

HELADO DE TARTA DE QUESO CON MORAS

RENDIMIENTO: 1 CUARTO

Te reto a que tomes un solo bocado de este cremoso brebaje; el sabor es altamente adictivo. El tono púrpura brillante que proviene de las moras hace que este helado sea más que perfecto. Si no dispone de moras, puede sustituirlas por otro tipo de bayas, congeladas o frescas; ¡todas las bayas van muy bien con el gelato con sabor a tarta de queso! Si lo desea, puede utilizar crema dulce de anacardos en lugar de queso crema no lácteo.

2 tazas de moras

1 taza de queso crema no lácteo

1 taza de leche no láctea

¾ de taza de azúcar

1½ cucharaditas de extracto de vainilla

• Ponga todos los ingredientes en una batidora y bátalos hasta que estén suaves. Pasar al bol de una heladora y procesar según las instrucciones del fabricante, o seguir las instrucciones de este libro. Una vez congelado, guárdelo en un recipiente flexible y hermético hasta 2 meses.

PUDÍN DE CARAMELO

RENDIMIENTO: 6 COPAS

Estas paletas de pudín son el regalo perfecto para el clima cálido con su base de caramelo salado y su textura cremosa y fresca. Necesitarás moldes de polos para estos, o puedes usar bandejas de silicona para cubitos de hielo para mini-pops, o incluso puedes usar pequeños vasos de papel.

1 receta de salsa de caramelo

1 lata (13,5 onzas) de leche de coco entera

2 cucharadas de azúcar de palma de coco

⅛ cucharadita de sal

3 cucharadas de harina de arroz integral superfina

- En una cacerola de 2 cuartos de galón a fuego medio, combine la salsa de caramelo, la leche de coco, el azúcar de palma de coco y la sal y bata bien hasta que se combinen. Calentar hasta que la mezcla esté caliente y toda la leche de coco y el azúcar se hayan disuelto. Incorporar la harina de arroz integral superfina y seguir cocinando a fuego medio, removiendo a menudo, hasta que espese, de 4 a 5 minutos.
- Dejar enfriar brevemente y luego verter en moldes de paletas, colocando palos de madera directamente en los centros. Congele toda la noche antes de disfrutar. Se conserva hasta 1 mes congelado.

Esta receta también hace un delicioso pudín de caramelo, pero no lo congeles. En lugar de eso, vierta el pudín en platos para servir y refrigere hasta que se cuaje, durante unas 3 horas.

SÁNDWICHES DE HELADO CLÁSICOS

RENDIMIENTO: 8 SÁNDWICHES

Esta receta produce una galleta que aguanta bien la congelación y se mantiene blanda una vez congelada, al estilo clásico de los sándwiches de helado. El sabor de base es el chocolate; ¡prepare los barquillos con su helado favorito!

¾ de taza de margarina fría no láctea

1 taza de azúcar

1 cucharadita de extracto de vainilla

1 taza de harina de sorgo

¾ de taza de cacao en polvo

½ taza de fécula de patata

1 cucharadita de goma xantana

¼ de cucharadita de bicarbonato de sodio

2 cucharadas de leche no láctea

4 tazas de su helado no lácteo favorito

- En un cuenco grande, mezclar la margarina, el azúcar y el extracto de vainilla. En otro bol más pequeño, mezcle la harina de sorgo, el cacao en polvo, la fécula de patata, la goma xantana y el bicarbonato de sodio hasta que estén bien combinados.
- Incorporar gradualmente la mezcla de harina a la de azúcar hasta que se desmenuce. Una vez desmenuzada, añada la leche no láctea hasta que esté completamente combinada. Si utiliza una batidora eléctrica, déjela funcionar a velocidad baja mientras añade la leche no láctea. La masa debe quedar bastante dura en este punto.
- Formar un tronco rectangular, de unos 5 x 10 centímetros, con la ayuda de papel pergamino y una rasqueta/espátula de banco para aplanar y formar los lados. Envolver sin apretar con papel pergamino

y enfriar en el congelador durante 30 minutos, hasta que esté bien frío.

- Precalentar el horno a 350°F. Una vez que la masa esté bien fría, corte el tronco por la mitad, haciendo dos ladrillos de tamaño uniforme (de aproximadamente 2 × 5 pulgadas cada uno). Déle la vuelta a cada ladrillo y luego córtelo uniformemente en rectángulos de aproximadamente 2 × 3 pulgadas y de aproximadamente ⅛ pulgadas de espesor para emular una galleta de un sándwich de helado comprado en la tienda.

- A medida que vayas cortando las galletas, coloca cada trozo de masa fina con cuidado sobre papel de pergamino o un tapete silpat.

- Cocer en el horno precalentado durante 14 a 16 minutos. Retirar del horno y dejar que se enfríe completamente a temperatura ambiente. Páselo al congelador justo antes de montarlo y enfríelo durante al menos 10 minutos. Mientras tanto, ablande el helado que haya elegido durante unos 10 minutos, o hasta que se pueda servir con facilidad.

- Para montarlo, coge una galleta y pon encima unas cuantas cucharadas de tu helado favorito. Aplique el helado con otra galleta y pase una cuchara por el borde para asegurar una distribución uniforme del helado.

- Vuelva a colocar los sándwiches en el congelador y enfríelos hasta que estén firmes. Una vez firmes, envuélvalos cuidadosamente en papel encerado para guardarlos. Se conservan hasta 3 meses congelados.

SORBETES Y HELADOS

SORBETE DE MANZANA AL ROMERO

RENDIMIENTO: 1 CUARTO

No me canso de probar este sorbete. El sabor de la manzana es realmente tentador y se realza elegantemente con la adición de romero. Asegúrese de buscar romero fresco, en lugar de seco, ya que marcará la diferencia.

2½ tazas de sidra de manzana (sin azúcar añadido)

⅓ taza de azúcar

1 ramita de romero fresco

En una cacerola pequeña a fuego medio, combinar la sidra de manzana, el azúcar y el romero y cocinar durante unos 7 minutos, removiendo a menudo, hasta que el azúcar se disuelva y el romero haya añadido un toque de fragancia a la sidra. Retirar el almíbar del fuego y dejar que se enfríe por completo, ya sea en el frigorífico o a temperatura ambiente. Procesar en la heladora según las instrucciones del fabricante o siguiendo las indicaciones de este libro. Una vez congelado, guárdelo en un recipiente hermético en el congelador hasta 2 meses.

SORBETE DE FRESAS Y CHAMPÁN

RENDIMIENTO: 1 CUARTO

En realidad, no te recomiendo que utilices champán para hacer este delicioso sorbete, pero desde luego puedes hacerlo si te enrollas mucho. Yo prefiero el Prosecco, por sus notas sutiles y su precio más modesto.

1 pera, pelada y cortada en cubos (aproximadamente 1 taza)

2 tazas de fresas, sin las hojas

1 taza de Prosecco, Spumante u otro vino blanco espumoso

¾ de taza de azúcar

- En un procesador de alimentos, pulse la pera y las fresas hasta que estén bien picadas. En un bol aparte, mezcle gradualmente el Prosecco con el azúcar y remueva suavemente para que se disuelva. Deje reposar unos 5 minutos y vuelva a remover suavemente. Vierta aproximadamente ½ taza de la mezcla de Prosecco en el procesador de alimentos y mézclelo hasta que quede bastante suave, durante aproximadamente 1 minuto, raspando el bol cuando sea necesario.
- Añada el resto de la mezcla de Prosecco y bata hasta que esté bien combinada. Pasar al bol de una heladora y procesar según las instrucciones del fabricante o siguiendo las instrucciones de este libro.
- Conservar en un recipiente hermético hasta 2 meses en el congelador.

SORBETE DE FRUTA DEL DRAGÓN

RENDIMIENTO: 1 CUARTO

Aunque considero hermosas casi todas las creaciones de la naturaleza, siempre me asombra cada vez que corto una fruta del dragón. Estas frutas de color fucsia brillante se abren para dar lugar a un dálmata en su interior y tienen un sabor neutro similar al de las uvas. Además, hacen un magnífico sorbete. Compruebe la madurez presionando suavemente la gruesa piel de la fruta. Si cede a una pequeña presión bajo el pulgar, entonces está madura.

2 frutas del dragón grandes

1 taza de azúcar

1 taza de agua

¼ de cucharadita de extracto de vainilla

- Pele la fruta del dragón cortando la parte superior del tallo lo suficiente como para dejar al descubierto la fruta blanca. Pele la fruta con cuidado, como si fuera un plátano, para eliminar la piel de forma limpia y sencilla.
- Cortar la fruta en cubos y colocarla en un procesador de alimentos. Pulse hasta que tenga la consistencia de un granizado.
- En una cacerola pequeña a fuego medio, cocine el azúcar y el agua juntos justo hasta que el azúcar se haya disuelto completamente, durante 1 o 2 minutos.
- Pasar el puré de fruta del dragón a un bol y mezclar con el jarabe de azúcar y la vainilla. Enfríe la mezcla en el congelador durante 30 minutos, remuévala, enfríela durante 10 minutos más y, a continuación, procésela en una heladora hasta que tenga un color blanco brillante y la consistencia de un sorbete. También se puede hacer siguiendo las instrucciones de este libro, pero es preferible una heladora si se dispone de ella. Guardar en un recipiente flexible y hermético en el congelador hasta 3 meses.

SORBETE DE JENGIBRE Y MELOCOTÓN

RENDIMIENTO: 1 CUARTO

El cálido jengibre se combina maravillosamente con este fresco sorbete de melocotón para ofrecer un postre que sería bienvenido al final de cualquier cena.

4 melocotones grandes y maduros (no demasiado blandos)

1 cucharadita de jengibre fresco rallado

Una pizca de sal

1 taza de azúcar

½ taza de crema de coco en lata (la parte más gruesa de una lata de leche)

½ taza de leche no láctea

- Llene una olla de 2 cuartos de galón con agua hasta la mitad y llévela a ebullición a fuego medio-alto. Introducir con cuidado los melocotones en el agua hirviendo y cocerlos durante 1½ minutos. Escurrir inmediatamente y pasar los melocotones por agua fría. Retirar con cuidado las pieles y los huesos y desecharlos.

- Ponga los melocotones escaldados, el jengibre, la sal, el azúcar, la crema de coco y la leche no láctea en un procesador de alimentos o en una batidora y mezcle hasta que quede suave. Enfríelo en el frigorífico hasta que esté frío y páselo a una heladora y procéselo según las instrucciones del fabricante, o siga las instrucciones de este libro. Pasar a un recipiente flexible y hermético que se pueda congelar y congelar durante al menos 4 horas antes de servir. Se conserva hasta 3 meses congelado.

SORBETE DE FRESA CON BALSÁMICO

RENDIMIENTO: 2 CUPS

Un postre absolutamente delicioso, que sabe igual que las fresas recién recogidas. El balsámico complementa bien las bayas y contrarresta el dulzor del sirope simple.

¾ de taza de jarabe simple

1 cucharada de vinagre balsámico blanco o rojo

2 tazas de fresas frescas, sin las hojas

- En una licuadora, haga un puré con todos los ingredientes hasta que estén suaves. Colocar en un recipiente metálico para hornear, de unas 8 pulgadas de diámetro, y cubrirlo con papel de plástico. Congelar durante 3 horas, o hasta que esté sólido, pero todavía blando. Guardar en un recipiente hermético en el congelador hasta 2 meses.

SEMIFRÍO DE LIMONCELLO

RENDIMIENTO: 6 RACIONES

Una delicia brillante y con sabor a alcohol sólo para adultos. Este semifrío cremoso y esponjoso se prepara mejor en una batidora de alta velocidad, como la Vitamix, para que quede más aireado.

2 tazas de anacardos crudos

½ taza de azúcar

1 taza de crema de coco (de la parte superior de 2 latas refrigeradas de leche de coco entera)

⅔ taza de Limoncello

Ralladura de limón fresco, para decorar (opcional)

- Poner los anacardos en un bol mediano y cubrirlos con agua. Deje los anacardos en remojo durante al menos 4 horas, pero no más de 6. Escúrralos y póngalos en una batidora de alta velocidad.
- Añada el resto de los ingredientes y mézclelos a velocidad baja para que se combinen. Aumente la velocidad a alta y deje que se mezcle hasta que esté completamente suave, durante aproximadamente 1 minuto.
- Vierta la mezcla en vasos de silicona para hornear o en moldes para helados y congele durante al menos 6 horas y hasta toda la noche. Para un toque más especial, sírvelo adornado con ralladura de limón. Se conserva hasta 3 meses congelado.

GRANIZADO DE ALMENDRA Y MANZANILLA

RENDIMIENTO: UNAS 3 TAZAS

Este granizado de sabor ligero es una opción ideal cuando el helado parece demasiado pesado. La manzanilla añade una nota floral que se compensa perfectamente con la leche de almendras.

2 bolsas de té de manzanilla (o 2 cucharaditas de té de manzanilla en un colador)

1 taza de agua muy caliente, pero no hirviendo

½ taza de jarabe simple

1 cucharadita de extracto de almendra

½ taza de leche de almendras

- En un recipiente mediano, deje reposar el té y el agua caliente durante 5 minutos, hasta que el agua esté perfumada y dorada. Retirar las bolsitas de té y dejar que se enfríen a temperatura ambiente. Mezclar con el sirope, el extracto de almendras y la leche de almendras. Colocar en una bandeja metálica para hornear, de unos 20 x 25 cm, sobre una superficie plana en el congelador. Enfríe la mezcla hasta que se congele por completo y, a continuación, raspe los gránulos con un tenedor. Servir en platos refrigerados. Se conserva hasta 3 meses congelado si se guarda en un recipiente hermético.

MOJITO GRANITA

RENDIMIENTO: 3 CUPS

Me encantan los mojitos en verano. Me da vértigo cuando veo la menta fresca asomarse por encima de nuestra valla en primavera, haciéndome saber que es casi el momento de abastecerse de lima y seltzer. Este granizado satisfará tu antojo de la libación veraniega en cualquier momento del año.

¾ de taza de jarabe simple

Zumo de 3 limas, unas 6 cucharadas

2 cucharadas de ron

1 taza de agua con gas fría

½ cucharadita de extracto de menta

• Combine todos los ingredientes en un tazón mediano, y luego viértalos en un plato de plástico antiadherente o de metal. Congele durante 3 horas. Una vez congelado, raspar suavemente la mezcla en gránulos utilizando las púas de un tenedor. Servir con una ramita de menta fresca o un toque de lima. Guardar en un recipiente hermético en el congelador. Se conserva hasta 3 meses congelado.

MANDARIN ICE

RENDIMIENTO: 1 CUARTO

Esta deliciosa delicia congelada es una forma refrescante de obtener vitamina C. A mí me gusta usar clementinas, para darle más dulzura, pero las mandarinas u otras naranjas también funcionan bien.

1½ tazas de zumo de mandarina, unas 8 clementinas

2 cucharaditas de ron o de extracto de vainilla

1 cucharada de agave

• Ponga todos los ingredientes en un bol y bátalos bien para combinarlos. Verter en un molde metálico para pasteles (de unas 9 pulgadas de diámetro) y meterlo en el congelador. Congele durante 4 horas o hasta que se congele. Raspe suave pero rápidamente la mezcla en el hielo con un tenedor -no se exceda o puede convertirse en un granizado- y luego transfiérala a un recipiente hermético que pueda cerrarse. Se conserva hasta 3 meses congelado.

PALETAS DE HIELO DE PIÑA

RENDIMIENTO: UNOS 4 POLOS

Estas golosinas tropicales son muy populares en México y se conocen como *paleta de piña*. Las paletas tienen innumerables variaciones de sabor, pero a mí me encantan estas paletas de piña por su sabor natural a caramelo.

Necesitarás moldes de paletas o bandejas de silicona para cubitos de hielo para los mini-pops, o simplemente utiliza pequeños vasos de papel.

2 tazas de piña en dados, escurrida

½ taza de jarabe simple

½ cucharadita de ron o de extracto de vainilla

2 cucharadas de leche de coco entera

- Poner todos los ingredientes en la batidora o en el robot de cocina y batirlos hasta que estén casi hechos puré. Vierte en moldes de paletas, coloca palos de madera en el centro y congela durante la noche. Se conserva hasta 3 meses congelado.

Utilice agave en lugar del jarabe simple si lo desea, pero espere un color más oscuro para sus paletas.

Capítulo 6

TENTADORES FLANES, NATILLAS, JALEAS Y FRUTAS

Este capítulo abarca todo lo que necesita saber para preparar pudines, rellenos, frutas y mucho más. Estos son algunos de mis postres favoritos por su rapidez y facilidad, así como por sus usos en otros postres como rellenos, coberturas y guarniciones.

BUDINES Y FLANES

CRÈME BRÛLÉE

RENDIMIENTO: 4 RACIONES

Si pensabas que conseguir la textura adecuada para la crème brûlée clásica sería imposible sin huevos ni nata, esta receta te demostrará todo lo contrario. Si no tiene un soplete culinario (¿por qué no?), también puede ponerlos bajo la parrilla a temperatura alta durante 5 minutos; sólo tiene que vigilar que no se queme la parte superior del azúcar.

1 lata (13,5 onzas) de leche de coco entera

1½ tazas de leche no láctea

1 taza de agua 1¾ tazas de azúcar

3 cucharadas de margarina no láctea

¾ de taza de maicena mezclada con ½ taza de agua

3 cucharadas de harina de besan/garbanzos

1 cucharadita de extracto de vainilla

¾ de cucharadita de sal marina

2 cucharadas de azúcar para la cobertura

- Prepare cuatro ramequines engrasándolos muy ligeramente con aceite de coco o margarina.
- En una cacerola de 2 cuartos, combine la leche de coco, la leche no láctea, el agua, el azúcar y la margarina y cocine a fuego medio durante unos 5 minutos, o hasta que la mezcla esté caliente.
- En un cuenco pequeño, mezclar la pasta de maicena, el besan y el extracto de vainilla hasta que quede muy suave. Añade la mezcla de maicena a la mezcla de leche de coco junto con la sal y remueve constantemente con un batidor a fuego medio para que espese, lo que debería ocurrir después de unos 5 minutos.
- Pasar a los moldes preparados y dejar enfriar completamente a temperatura ambiente hasta que estén firmes. Espolvoree cada taza con aproximadamente ½ cucharada de azúcar y luego haga un brûlée en la parte superior con un soplete. Guarde en un recipiente hermético hasta 1 semana en el refrigerador.

PUDÍN DE CHOCOLATE

RENDIMIENTO: DE 2 A 4 RACIONES

Una de mis delicias favoritas es el pudín de chocolate. Me encanta lo complicado que parece todo, de pie sobre el fogón, batiendo meditadamente. Este pudín es tan bueno como otros pudines de chocolate que conocemos y amamos, con su textura espesa y cremosa y un inolvidable sabor a chocolate.

½ taza de cacao en polvo

½ taza de azúcar

2 cucharaditas de extracto de vainilla

¼ de cucharadita de sal

1 taza de leche no láctea

3 cucharadas de maicena

3 cucharadas de agua

- En una cacerola de 2 cuartos de galón, bata el cacao en polvo, el azúcar, el extracto de vainilla, la sal y aproximadamente ⅓ taza de la leche no láctea. Mezcle hasta que no queden grumos y, a continuación, añada la leche no láctea adicional.
- Calentar a fuego medio. En un bol pequeño, batir la maicena y el agua hasta que no queden grumos. Incorporar la mezcla de maicena y seguir removiendo, a fuego medio, hasta que espese, durante unos 5 minutos. Pasar a dos platos medianos o cuatro pequeños y enfriar antes de servir. Guárdelo en un recipiente hermético hasta 1 semana en el frigorífico.

PUDÍN DE PISTACHO

RENDIMIENTO: DE 2 A 4 RACIONES

Este postre, ligeramente salado y muy dulce, es fácil de preparar y un éxito seguro para los amantes de los pistachos. Me encanta este rico pudín servido en pequeñas cantidades como postre o aperitivo.

1 taza de pistachos tostados y salados, sin cáscara

½ taza de azúcar granulado

⅓ taza de leche no láctea, más 1½ tazas de leche no láctea

¼ de taza de azúcar granulada adicional

5 cucharadas de maicena

4 cucharadas de agua

- En un procesador de alimentos, pulse los pistachos hasta que se desmenucen. Añada el azúcar y mezcle hasta que se convierta en polvo, con sólo unos pocos trozos grandes. Añada la ⅓ taza de leche no láctea y haga un puré hasta que esté bien combinado.
- Transfiera la mezcla de pistachos a una olla de 2 cuartos y bata la leche no láctea adicional y el azúcar.
- En un bol pequeño, mezcle con un tenedor la maicena y el agua hasta que no queden grumos. Añade esta papilla a la mezcla de pistachos.
- Calentar a fuego medio, removiendo frecuentemente hasta que espese, de 5 a 7 minutos. Verter en dos o cuatro moldes o platos para servir y dejar enfriar completamente. Servir frío con la cobertura batida. Guárdelo en un recipiente hermético hasta 1 semana en el frigorífico.

ARROZ CON LECHE DE VAINILLA Y CIRUELAS

RENDIMIENTO: 6 RACIONES

Una versión aromática del tradicional arroz con leche, me gusta usar basmati por sus magníficas notas florales además de la vainilla y la ciruela.

¾ de taza de arroz basmati o de grano largo

1½ tazas de agua fría

3 ciruelas sin pelar, sin hueso y cortadas en dados

3 cucharaditas de extracto de vainilla

½ cucharadita de sal

1 taza de leche no láctea

½ taza de azúcar

2 cucharadas de harina de arroz blanco dulce

¼ de taza de agua

- En una cacerola de 2 ó 3 cuartos con tapa hermética, mezcle el arroz con el agua fría. Llevar a ebullición a fuego medio-alto. Reducir inmediatamente a fuego lento y tapar. No remover.
- Dejar cocer a fuego lento durante unos 20 minutos, o hasta que el arroz pueda esponjarse fácilmente con un tenedor. Suba el fuego a medio y añada las ciruelas, el extracto de vainilla, la sal, la leche no láctea y el azúcar. En un bol más pequeño, mezcle con un tenedor la harina de arroz blanco dulce y el agua. Incorpore la mezcla a la de arroz y cocine de 5 a 7 minutos, removiendo constantemente, hasta que espese. Servir caliente o frío. Guárdelo en un recipiente hermético hasta 1 semana en el frigorífico.

PUDÍN DE TAPIOCA

RENDIMIENTO: 6 RACIONES

El pudín de tapioca es uno de esos postres que la mayoría de la gente ama u odia, ¡y yo realmente lo adoro! Habiendo crecido sólo con los pudines instantáneos, encuentro que esta versión casera es mucho mejor. Puede que te haga cambiar de opinión si aún no eres un fanático. Busca las perlas de tapioca en la sección de repostería de la mayoría de las tiendas de comestibles, o encuentra un sinfín de formas y colores en los mercados asiáticos.

½ taza de perlas de tapioca pequeñas (no instantáneas)

1 taza de leche de coco entera en lata

2 tazas de leche no láctea

½ cucharadita de sal

½ taza de azúcar

1 cucharadita de vainilla

- En una olla de 2 cuartos de galón, bata todos los ingredientes hasta que estén suaves. A fuego medio-alto, llevar a ebullición, removiendo constantemente. Una vez hirviendo, reducir el fuego a bajo y cocer a fuego lento durante 15 minutos, removiendo muy a menudo, hasta que el pudín se haya espesado y las perlas ya no sean blancas y firmes, sino claras y gelatinosas.
- Colocar en platos para servir o en un recipiente flexible y hermético y enfriar hasta que esté completamente frío. Servir frío. Conservar en un recipiente hermético hasta 1 semana en el frigorífico.

PUDÍN DE QUINOA DE LA COSECHA DE OTOÑO

RENDIMIENTO: 6 RACIONES

Las frutas y las especias otoñales se combinan para hacer un pudín reconfortante, y la quinoa le da una textura densa, cremosa y masticable.

1 cucharada de aceite de coco

1 taza de nueces picadas

1 manzana, cortada en trozos pequeños

½ taza de dátiles secos, picados

½ cucharadita de nuez moscada molida

1 cucharadita de canela molida

¼ de cucharadita de cardamomo

½ cucharadita de sal

½ taza de leche fría no láctea

2 cucharaditas de maicena

1 cucharadita de extracto de vainilla

2 tazas de quinoa cocida

1 taza de azúcar moreno

- A fuego medio, en una cacerola de 2 cuartos, calentar el aceite de coco hasta que se derrita. Añadir las pacanas, las manzanas, los dátiles, la nuez moscada, la canela, el cardamomo y la sal. Seguir cocinando a fuego medio, removiendo para que la mezcla no se queme. Cocinar de 3 a 5 minutos, o hasta que las manzanas se ablanden y las pacanas adquieran aroma.

- En un bol pequeño, mezcle la leche no láctea con la maicena y el extracto de vainilla. Bata hasta que estén bien combinados y no se vean grumos.

- Añada la quinoa cocida a la cacerola. Incorpore el azúcar moreno y la mezcla de leche no láctea. Cocinar a fuego medio durante unos 2 minutos, o hasta que espese. Servir caliente o frío. Guardar en un recipiente hermético hasta 1 semana en la nevera.

FLAN DE BOMBA

RENDIMIENTO: 4 RACIONES

Este es un método tradicional de hacer flan de calabaza, en el que se deja que la calabaza brille por sí sola, en lugar de enmascararla con especias como la canela y el clavo.

1 taza de calabaza enlatada o de puré de calabaza colado

1 taza de leche no láctea

½ taza + 1 cucharada de azúcar

¼ de cucharadita de sal

Una pizca de nuez moscada molida

⅓ de taza de almidón de maíz

4 cucharadas de agua fría

- Engrasar ligeramente cuatro ramequines o tazas de té con margarina o spray de cocina.
- En una cacerola de 2 cuartos de galón, bata la calabaza, la leche no láctea, el azúcar, la sal y la nuez moscada hasta que esté suave. Caliente a fuego medio.
- Combinar la maicena con el agua fría y remover hasta que no queden grumos. Vierta la mezcla de calabaza y siga batiendo, constantemente, a fuego medio hasta que espese, durante unos 7 minutos. Notará un esfuerzo importante en la muñeca a medida que se vaya espesando.
- Verter en moldes ligeramente engrasados y dejar enfriar. Pasar a la nevera y enfriar completamente hasta que se enfríe. Invertir en un plato pequeño y plano, o dejar en las tazas para servir. Cubra con la salsa de caramelo. Guárdelo en un recipiente hermético hasta 1 semana en el frigorífico.

NATILLAS DE CREMOSO

RENDIMIENTO: 4 RACIONES

El soleado sabor a naranja de este pudin te alegrará el día. Incluso puedes congelar este pudín en moldes de paletas para hacer cremas.

4 cucharadas de maicena

4 cucharadas de agua fría

2 tazas de leche no láctea

½ taza de zumo de naranja recién exprimido

1 taza de azúcar

1 cucharadita de ralladura de naranja

½ cucharadita de sal

- En un bol pequeño, batir la maicena y el agua fría y mezclar bien hasta que se disuelva. En un cazo pequeño, combine la leche no láctea, el zumo de naranja y el azúcar. Añada la ralladura y la sal. Caliéntelo ligeramente a fuego medio-bajo y añada gradualmente la mezcla de maicena removiendo frecuentemente con un batidor hasta que la mezcla alcance un hervor lento.
- Reduzca el fuego a bajo y siga removiendo hasta que la mezcla se vuelva espesa, durante unos 10 minutos de cocción en total. Dividir en cuatro platos para servir y dejar reposar a temperatura ambiente hasta que se caliente. Transfiera los platos a la nevera y enfríe durante al menos 3 horas, o hasta que esté completamente cuajado. Sírvalo frío. Guárdelo en un recipiente hermético hasta 1 semana en el frigorífico.

TIRAMISU

RENDIMIENTO: 10 RACIONES

El tiramisú es quizás uno de los postres más populares en los restaurantes italianos. Siempre me ha gustado el tiramisú por su embriagadora fragancia y su deliciosa textura que se derrite en la boca. Después de pasar a ser sin gluten, estaba convencida de que este postre estaría fuera de los límites para siempre, ¡pero ya no! Postre de lujo apto para alérgicos, a su servicio.

10 a 12 Ladyfingers

¼ de receta de salsa de chocolate negro diabólico

RELLENO

1 receta de Mascarpone

1½ tazas de azúcar de repostería

⅛ cucharadita de sal

12 onzas de tofu sedoso firme

3 onzas (unas 3 cucharadas) de queso crema no lácteo

3 cucharadas de maicena

4 cucharadas de agua fría

SALSA

1 cucharada de cacao en polvo, más para espolvorear

1 cucharada de agave

2 cucharadas de café muy fuerte o espresso

Para el relleno

- Ponga el Mascarpone, el azúcar de repostería, la sal, el tofu y el queso crema no lácteo en un procesador de alimentos y bata hasta que quede muy suave, durante unos 2 minutos. Transfiera la mezcla a una cacerola de 2 cuartos a fuego medio.

- Batir la maicena y el agua fría hasta que no queden grumos. Rocíe la lechada de maicena en el resto de los ingredientes y bátalos, continuando la cocción a fuego medio. Seguir removiendo continuamente hasta que la mezcla espese, durante unos 5 minutos. No se aleje de la mezcla o se quemará.

- Dejar enfriar brevemente.

Para la salsa

- Prepare la salsa batiendo el cacao en polvo, el agave y el café en un tazón pequeño hasta que esté suave.

Para montar el Tiramisú

- En un molde pequeño y cuadrado, coloque cinco o seis galletas ladyfinger para que quepan en el molde. Extienda la salsa de cacao expreso en un plato llano, lo suficientemente grande para que las galletas queden planas. Una por una, sumerja cada lado de la galleta en la salsa, brevemente, y vuelva a colocarla con cuidado. Repita la operación hasta que todas las galletas se hayan sumergido ligeramente.

- Divida el relleno del Tiramisú por la mitad y extienda la mitad del relleno sobre los bizcochos y repita con una capa más de cada uno. Espolvorear la parte superior con cacao en polvo y luego rociar con la salsa de chocolate negro Devilishy justo antes de servir. Guárdelo en un recipiente hermético hasta 3 días en el frigorífico.

MOUSSE DE MASA DE BROWNIE

RENDIMIENTO: 6 RACIONES

Pequeños trozos de nueces cubiertas de chocolate -que saben mucho a brownies en miniatura- salpican esta sedosa mousse, aportando una doble dosis de sabor a chocolate.

6 onzas de chocolate semidulce picado

2 cucharadas de leche no láctea

1 cucharada de jarabe de arce

1 taza de nueces picadas

2 (350 g) paquetes de tofu sedoso extrafuerte

1 taza de azúcar

¾ de taza de cacao en polvo

½ cucharadita de sal

1 cucharadita de extracto de vainilla

- Derretir el chocolate al baño María a fuego lento hasta que esté suave. Incorporar la leche no láctea y el sirope de arce y retirar del fuego. Añadir las nueces y cubrirlas generosamente con una capa gruesa de chocolate.
- Forrar una bandeja para galletas con un tapete de silicona o papel encerado. Esparza las nueces cubiertas de chocolate en una capa uniforme sobre la bandeja preparada. Enfría las nueces en el congelador hasta que termines de hacer la mousse.
- Para hacer la mousse, simplemente mezcle el tofu, el azúcar, el cacao en polvo, la sal y el extracto de vainilla en un procesador de alimentos o en una batidora hasta que esté extremadamente suave, durante unos 2 minutos, raspando los lados cuando sea necesario.
- Sacar las nueces cubiertas de chocolate del congelador cuando estén firmes y mezclarlas con la mousse. Colocar en platos individuales y servir muy frío. Guárdelo en un recipiente hermético hasta 1 semana en el frigorífico.

POTS DE CRÈME DE BUTTERNUT

RENDIMIENTO: 2 RACIONES

La tierna calabaza es la base de este postre de chocolate increíblemente rico. Es un fabuloso capricho otoñal. Los Pots de Crème se pueden preparar con hasta dos días de antelación.

2 tazas de calabaza asada en cubos

½ taza de azúcar de coco o de azúcar moreno envasado

¼ de taza de cacao en polvo

¼ de taza de harina de sorgo

1 cucharadita de extracto de vainilla

½ cucharadita de sal

Sal ahumada para la cobertura

- Precaliente el horno a 350°F y engrase ligeramente dos moldes de 4 pulgadas.
- Hacer un puré con la calabaza en el procesador de alimentos hasta que esté suave. Añadir el azúcar, el cacao en polvo, la harina de sorgo, el extracto de vainilla y la sal. Mezclar hasta que todos los ingredientes estén bien combinados, raspando los lados cuando sea necesario.
- Vierta la mezcla en los dos ramequines y espolvoree la sal ahumada sobre los flanes. Hornee de 45 a 50 minutos, o hasta que los lados del budín comiencen a despegarse de los ramequines. Servir caliente para un pudín más suave o servir frío para un postre firme. Guárdelo en un recipiente hermético hasta 1 semana en el frigorífico.

SOPA DE CHOCOLATE

RENDIMIENTO: 4 RACIONES

A medio camino entre el pudín y la salsa de chocolate, este postre inusual es una opción muy divertida para las cenas. Sirve este plato extra rico en cuencos muy pequeños.

1 taza de leche de coco enlatada, ligera o entera

¾ de taza de leche no láctea (sin azúcar)

2 cucharaditas de extracto de vainilla

⅓ taza de azúcar

⅛ cucharadita de sal

1 cucharada de cacao en polvo

½ taza de chocolate no lácteo, picado

1 cucharada de maicena mezclada con 2 cucharadas de agua

- En un cazo pequeño, bata la leche de coco, la leche no láctea, el extracto de vainilla, el azúcar, la sal y el cacao en polvo. Calentar a fuego medio hasta que esté muy caliente, pero sin llegar a hervir, durante unos 5 minutos. Incorporar el chocolate y calentar hasta que se derrita, sin dejar de remover, pero sin dejar que la mezcla llegue a hervir. Incorporar la mezcla de maicena y calentar durante unos 3 minutos, removiendo constantemente, hasta que la mezcla se haya espesado y cubra el dorso de una cuchara. Servir caliente en cuencos individuales adornados con malvaviscos veganos o crema de coco batida y nibs de cacao (o mini chips de chocolate). Guardar en un recipiente hermético hasta 2 días en el frigorífico. Recalentar simplemente calentando a fuego medio-bajo en una cacerola pequeña hasta alcanzar la temperatura deseada.

PODER DE PAN

RENDIMIENTO: 8 RACIONES

Este pudín se presta perfectamente a mezclas de todo tipo. Pruebe a mezclar trozos de piña y a cubrirlo con coco tostado para darle un toque tropical. O bien, pruebe a mezclar trozos de plátano y ½ taza de pepitas de chocolate.

8 rebanadas de pan sin gluten

2 cucharadas de margarina no láctea derretida

¾ de taza de harina de besan/garbanzos

1½ tazas de leche no láctea

⅔ taza de azúcar moreno claro

1 cucharadita de canela

1 cucharadita de extracto de vainilla

¼ de taza de pasas u otra fruta seca (opcional)

- Precaliente el horno a 350°F y engrase ligeramente un molde para hornear de 8 × 8 pulgadas.
- Cortar el pan en trozos del tamaño de un bocado y colocarlos uniformemente en la sartén. Rocía el pan con la margarina derretida.
- En un bol pequeño, bata el besan, la leche no láctea, el azúcar moreno, la canela y el extracto de vainilla hasta que no queden grumos en la masa.
- Vierta la mezcla de manera uniforme sobre el pan hasta cubrirlo por completo. Presione suavemente los trozos de pan para sumergirlos completamente en la masa. Espolvorear con las pasas, si se utilizan.
- Hornear de 35 a 40 minutos, o hasta que esté dorado por encima y cocido por el centro. Guarde en un recipiente hermético hasta 1 semana en el refrigerador. Recalentar a 350°F durante 10 minutos antes de servir.

PARFAITS DE CHOCOLATE Y BAYAS

RENDIMIENTO: 4 PARFAITS

Estos deliciosos parfaits son la mezcla perfecta de ácido y dulce, con un toque crujiente de los nibs de cacao. Es un regalo encantador para el día de San Valentín, ¡o para cualquier día!

1 taza de frambuesas rojas

2 tazas de fresas, cortadas en rodajas

1 taza de chispas de chocolate no lácteo

349 g de tofu sedoso extrafuerte

1 cucharada de agave

1 cucharadita de extracto de vainilla

½ taza de nibs de cacao

½ taza de crema dulce de anacardos

- Mezclar las frambuesas y las fresas en un bol pequeño.
- Al baño maría, derretir las pepitas de chocolate hasta que estén muy suaves. En un procesador de alimentos, mezcle el tofu sedoso con el agave y el extracto de vainilla. Mientras el procesador de alimentos está girando, rocíe su chocolate derretido hasta que todo esté combinado.
- Montar los parfaits colocando en cuatro vasos elegantes las bayas, los nibs de cacao, el pudín, más bayas y más pudín, y luego cubrir cada vaso con una porción de crema dulce de anacardos.
- Servir frío. Conservar en un recipiente hermético hasta 1 semana en la nevera.

JALEAS, FRUTAS Y SALSAS

BELLINI GELEE

RENDIMIENTO: 4 RACIONES

Este postre con alcohol tiene todo el sabor dulce y crujiente de la bebida para adultos. El agar se utiliza como sustituto de la gelatina en este postre gelificado. Asegúrese de disolver el polvo hasta el final o no cuajará correctamente.

1 taza de melocotones, escaldados y hechos puré, o 1 taza de néctar de melocotón

1 taza de azúcar

3 tazas de Prosecco o Pinot Grigio

1 taza de agua

4 cucharaditas de polvo de agar

- Reúne cuatro copas de vino resistentes o moldes de silicona medianos.
- Bata el puré de melocotones, el azúcar, el Prosecco, el agua y el agar en una cacerola pesada de 2 ó 3 cuartos de galón. Llévelo a ebullición y reduzca inmediatamente el fuego a bajo. Remover regularmente y dejar cocer a fuego lento de 5 a 6 minutos.
- Deje que se enfríe ligeramente, durante unos 10 minutos, antes de verterlo en copas de vino o champán o en moldes de silicona.
- Si utilizas el molde de silicona, asegúrate de colocar un recipiente más grande y resistente debajo del molde antes de verter el líquido, para garantizar un transporte suave a la nevera.
- Deje que la mezcla se enfríe en la nevera hasta que esté firme, durante al menos 2 horas. Guárdela en un recipiente hermético hasta 1 semana en el frigorífico.

FAUX-GURT DE ARÁNDANOS

RENDIMIENTO: 2 RACIONES

Los arándanos agrios dan a esta delicia un auténtico sabor a yogur sin necesidad de esperar. Acompáñalo de fruta fresca y granola para conseguir un placer irresistible.

1 taza de arándanos frescos

½ taza de azúcar o agave

1 cucharada de agua

1 taza de crema dulce de anacardos

½ taza de crema de coco (de la parte superior de una lata de leche de coco)

- En una cacerola pequeña, a fuego medio-bajo, cocine los arándanos, el azúcar y el agua hasta que los arándanos estén muy blandos, durante unos 10 minutos. Deje que se enfríen brevemente y, a continuación, bátalos en una batidora junto con la crema de anacardos y la crema de coco hasta que queden esponjosos. Verter en un tarro y enfriar; la mezcla se espesará ligeramente al enfriarse. Guárdela en un recipiente hermético hasta 1 semana en el frigorífico.

PERAS ASADAS CON CARAMELO

RENDIMIENTO: 4 RACIONES

Esta es una receta sencilla, pero llena de sabor complejo.

4 peras rojas, peladas pero con los tallos intactos

⅓ taza de agave

⅓ de taza de azúcar moreno o de coco

2 cucharadas de margarina no láctea derretida

⅓ taza de leche de coco en lata

- Precalentar el horno a 400°F. Cortar con cuidado la parte inferior de las peras en sentido recto sólo para eliminar el nódulo de la parte inferior, de modo que se mantengan fácilmente en una pequeña fuente de gres o de metal para hornear.

- En un bol pequeño, mezcle el agave, el azúcar moreno, la margarina y la leche de coco. Rocíe generosamente las peras y deje que el resto caiga en el fondo de la fuente de horno. Hornee en el horno precalentado de 25 a 30 minutos, parando para rociar con la salsa de caramelo cada 5 minutos aproximadamente, hasta que las peras estén tiernas y ligeramente doradas.

- Pasar con cuidado, con una espátula metálica plana, a un platito o a un plato de labios con la salsa rociada sobre las peras. Servir inmediatamente. Guarde las sobras en un recipiente hermético en la nevera hasta 2 días.

ARROZ PEGAJOSO DE MANGO TAILANDÉS

RENDIMIENTO: 2 RACIONES

Una de mis partes favoritas de visitar un restaurante tailandés es disfrutar del Arroz Pegajoso de Mango cuando los mangos están en temporada. Por suerte, esta adictiva delicia se puede preparar en casa. Para hacer esta receta, es importante buscar arroz "glutinoso", que suele venderse como arroz "de grano corto" o "pegajoso", lo que se refiere a la pegajosidad del arroz, no al gluten.

1 taza de arroz glutinoso de grano corto

1½ tazas de leche de coco entera en lata

1 taza de agua

3 cucharadas de azúcar

Una pizca de sal

1 mango, pelado y cortado en tiras

SALSA

½ taza de leche de coco entera en lata

1½ cucharadas de azúcar

1 cucharadita de almidón de maíz

2 cucharaditas de agua

Una pizca de sal

- Remojar 1 taza de arroz en 3 tazas de agua durante 1 hora. Escurrir y enjuagar el arroz y ponerlo en una cacerola con tapa hermética. Añadir la leche de coco, el agua, el azúcar y la sal, y llevar a ebullición a fuego medio-alto. Una vez que empiece a hervir, reducir inmediatamente la temperatura a baja, remover, tapar y cocer a fuego lento durante unos 20 minutos, o hasta que se haya absorbido todo el líquido y el arroz esté tierno.

- Para hacer la salsa, en una cacerola pequeña, combinar la leche de coco con el azúcar. En un tazón pequeño, bata la maicena y el agua hasta que quede suave. Bata la mezcla de maicena y la sal en la mezcla de leche de coco y cocine a fuego medio, removiendo constantemente, hasta que espese.

- Emplatar colocando un pequeño montículo de arroz cocido en un bol, junto con los mangos cortados en rodajas, y cubrir con la salsa de coco. Servir inmediatamente.

CAQUIS ASADOS

RENDIMIENTO: 6 RACIONES

Si no ha probado nunca los caquis, está de enhorabuena. Este sencillo plato muestra la suave textura y el sabor casi a melocotón de esta fruta. Busque caquis entre los meses de octubre y febrero. Los caquis maduros tendrán una piel anaranjada y brillante y serán suaves al tacto. No hay que intentar comer un caqui que no esté maduro, ya que su sabor será extremadamente calcáreo y desagradable. Una buena prueba de madurez es el cáliz, o mechón central de la parte superior de la fruta: permanecerá intacto hasta que esté maduro; una vez maduro, se puede extraer fácilmente de la fruta. Para acelerar la maduración, colóquelo en una bolsa de papel en un lugar seco.

3 caquis maduros, de cualquier variedad

2 cucharadas de agave

1 cucharadita de extracto de vainilla

½ cucharadita de zumo de limón

- Precalentar el horno a la parrilla.
- Cortar los caquis por la mitad horizontalmente y colocar cada uno, con la parte central hacia arriba, de manera que encajen bien en una fuente de cerámica o metal para hornear. En un bol pequeño, bata el agave, el extracto de vainilla y el zumo de limón y, a continuación, aplique la mezcla con un pincel sobre la parte superior de las mitades de caqui.
- Asar de 8 a 10 minutos, girando la sartén al menos una vez durante la cocción para que las frutas se doren uniformemente. Vigilarlas para que no se quemen, y asarlas justo hasta que se doren uniformemente. Acompañar con el Soft Serve de Vainilla o el Mascarpone. Servir inmediatamente.

MANZANAS COCIDAS

RENDIMIENTO: 6 RACIONES

Una delicia cálida y bienvenida al otoño, son rápidas de hacer y divertidas de comer. Me gusta pelar las manzanas para dejar una franja de cáscara para darles color. Esto funciona especialmente bien con las manzanas rojas, pero las verdes también son bonitas.

6 manzanas firmes y ácidas, como Gala, Granny Smith o Honeycrisp

RELLENO

⅔ de taza de nueces trituradas (trituradas en el procesador de alimentos hasta que se desmenucen)

⅔ taza de avena certificada sin gluten

2 cucharadas de aceite de coco

2½ cucharadas de azúcar de palma de coco

¼ de cucharadita de cardamomo

½ cucharadita de canela

Una pizca de sal marina

½ taza de pasas doradas

- Descorazona las manzanas asegurándote de dejar la parte inferior intacta. La forma más fácil de hacerlo es comenzar con un descorazonador de manzanas y luego utilizar un pequeño cuchillo de pelar o un pelador de verduras para sacar una cavidad más grande para contener el relleno.
- A continuación, pelar las manzanas. Pélelas sólo hasta la mitad, haciendo un diseño en forma de remolino con la piel restante.
- En un bol pequeño, combinar los ingredientes del relleno con una cuchara hasta que estén muy bien mezclados. Rellenar las manzanas con el relleno, repartiendo uniformemente entre las seis manzanas.
- Precaliente el horno a 375°F y coloque las manzanas individualmente en un molde para muffins de tamaño grande. Añade 1 cucharada de agua en el fondo de cada molde y cúbrelo con papel de aluminio. Hornee las manzanas de 35 a 40 minutos, o hasta que estén tiernas; no las cocine demasiado o se desharán.
- Dejar enfriar brevemente y servir.

COMPOTA DE CEREZA Y VAINILLA

RENDIMIENTO: 2 CUPS

Esta receta es un condimento delicioso y se puede utilizar tanto en combinaciones dulces como saladas. Me encanta la Sopa de Chocolate con una porción de esta compota en el centro, junto con un toque de Crema de Coco Batida Azucarada.

2½ tazas de cerezas sin hueso

¼ de taza de azúcar de palma de coco

1 vaina de vainilla o 2 cucharaditas de extracto de vainilla

1 cucharada de brandy o ron

- En una cacerola pesada de 2 cuartos de galón, combine todos los ingredientes y, a fuego medio, llévelos a ebullición, removiendo a menudo. Reduzca el fuego a medio-bajo y cocine durante unos 10 minutos, hasta que las cerezas estén blandas.
- Colar las cerezas, reservando el líquido. Vuelva a verter el líquido en la cacerola y cocine a fuego medio-bajo hasta que la salsa se espese, removiendo de vez en cuando, durante unos 15 a 20 minutos. Vuelva a poner las cerezas en el almíbar y sírvalas calientes. Guárdelo en un recipiente hermético hasta 1 semana en el frigorífico.

MERMELADA DE ARÁNDANOS Y LAVANDA

RENDIMIENTO: 2½ CUPS

A mí me encanta mezclarlo con un yogur natural no lácteo o con un pudín de chía, e incluso funciona bien como cobertura de una tarta de queso.

1½ tazas de azúcar

2 cucharadas de brotes de lavanda frescos o secos

¼ de taza de agua

6 tazas de arándanos

- En una cacerola pequeña, bata ½ taza de azúcar, los brotes de lavanda y el agua. Cueza a fuego lento durante 2 minutos, hasta que se sienta la fragancia, y luego cuele para eliminar los brotes de lavanda. Transfiera el jarabe de azúcar perfumado junto con los arándanos y el azúcar restante a una cacerola de 2 cuartos.
- Con un pasapurés, aplastar suavemente los arándanos y cocinar a fuego medio durante 15 minutos. Deje que se enfríe completamente antes de transferirlo a los tarros. Guárdelo en tarros cerrados en el frigorífico hasta 1 mes.

El jarabe utilizado para hacer las conservas también es un delicioso complemento para la limonada. Utilice el jarabe en lugar del azúcar y añada zumo de limón y agua al gusto. Guárdelo en un recipiente hermético hasta 1 semana en el frigorífico.

CONSERVAS DE FRESA

RENDIMIENTO: 2½ CUPS

Me encuentro utilizando este tipo de conserva más que ninguna otra para añadir un toque de dulzura o sabor a muchos postres. La cantidad de azúcar en esta receta es esencial para conseguir la consistencia correcta; de lo contrario, el resultado final puede ser muy líquido.

1 libra de fresas

2 tazas de azúcar

2 cucharadas de zumo de limón

- Corta las fresas en rodajas y reserva las verduras para otro uso, como batidos o ensaladas.
- Poner la fruta en una olla y combinarla con el azúcar y el zumo de limón y calentar a fuego lento justo hasta que se disuelva el azúcar. Aumentar la temperatura a fuego medio-alto y llevar la mezcla a ebullición, removiendo constantemente. Calentar hasta que la mezcla registre 220°F en un termómetro para dulces.
- Pasar a frascos esterilizados (un lavado y secado a alta temperatura en el lavavajillas es suficiente) y dejar enfriar a temperatura ambiente. Pasar al congelador o, si se va a consumir inmediatamente, guardar en el frigorífico en un tarro hermético cerrado hasta 2 semanas.

Esta mermelada, al igual que la mermelada de lavanda de arándanos y la compota de vainilla de cerezas, se puede procesar al baño María en lugar de transferirla al congelador.

COMPOTA DE MANZANA RÁPIDA Y FÁCIL

RENDIMIENTO: 6 CUPS

La compota de manzana es tan fácil de hacer que deberías probarla si nunca lo has hecho. Te preguntarás por qué ha tardado tanto en hacerse.

10 manzanas Granny Smith medianas, peladas, sin corazón y cortadas en rodajas (unas 11 tazas)

¼ de taza de azúcar (opcional)

½ taza de sidra de manzana (o agua)

2 cucharaditas de zumo de limón

- En el bol de una olla grande de cocción lenta, mezcle las manzanas y el azúcar. Mezclar la sidra de manzana y el zumo de limón y rociar las manzanas. Tapar y cocinar a temperatura alta durante 3 horas, hasta que estén muy blandas, removiendo de vez en cuando. Alternativamente, cocine durante 6 horas a baja temperatura hasta que estén muy blandas y se transformen completamente en puré de manzana. Guardar en un recipiente hermético hasta 1 semana en el frigorífico.

Capítulo 7

CHOCOLATES SELECTOS Y CARAMELOS DANDY

Cualquier antojo de caramelo puede satisfacerse fácilmente en casa una vez que se adquiere la destreza en la elaboración de caramelos; todo lo que se necesita es un poco de paciencia y práctica para obtener resultados que superan con creces los comprados en la tienda. Además, ¡puedes personalizarlos! Llevo haciendo caramelos desde que era lo suficientemente alta como para usar la estufa; así que si nunca has hecho caramelos antes, no te sientas intimidado: ¡hasta un niño puede hacerlo! En este capítulo encontrarás recetas de todo tipo, desde caramelos duros hasta golosinas de chocolate y caramelos pegajosos.

FUNDAMENTOS DE LA FABRICACIÓN DE CARAMELOS

El mejor consejo que puedo dar para hacer caramelos es tener todos los ingredientes listos antes de empezar, y asegurarse de leer las instrucciones de la receta de caramelos al menos tres veces antes de empezar, hasta que se tenga una idea clara de cómo funcionará la receta. Lo difícil de hacer caramelos es que todo sucede muy rápido una vez que el azúcar alcanza la temperatura adecuada, así que hay que estar preparado.

En las siguientes recetas, asegúrese de seguir los pasos con precisión. Recomiendo un termómetro para caramelos (calibrado) para las recetas que lo requieran, pero, si no tienes uno, siempre puedes utilizar el método del agua fría. De hecho, así es como aprendí a hacer caramelos, así que, de nuevo, es un método muy fácil que sólo requiere un poco de práctica para dominarlo.

MÉTODO DE AGUA FRÍA

Coloca una taza de agua helada junto al cazo que contiene la mezcla de caramelos. Compruebe si el caramelo está listo dejando caer más o menos una cucharadita del sirope caliente en el agua fría. Siga las pautas de temperatura que se indican a continuación, que describen las propiedades del caramelo en cada etapa de cocción

Etapa de bolas blandas

235°F-240°F

Una bola blanda y flexible que se aplana al sacarla del agua.

Etapa de bola firme

245°F-250°F

Una bola firme que mantendrá su forma al sacarla del agua, pero que es maleable.

Etapa de pelota dura

250°F-265°F

Una pelota firme que es un poco más difícil de cambiar la forma, pero posible.

Etapa de grietas blandas

270°F-290°F

Los hilos flexibles se formarán al caer en agua helada.

Etapa de la grieta dura

300°F-310°F

Esta es la etapa más caliente de la mayoría de las recetas de caramelos, así que asegúrese de dejar que el jarabe caído se enfríe completamente en el agua antes de tocarlo en esta etapa. Cuando el azúcar caiga en el agua fría, se formarán hilos duros y quebradizos.

LAVADO

Cuando cocine el azúcar para convertirlo en caramelo, asegúrese de limpiar los cristales de azúcar de las paredes del recipiente a medida que avanza. Puede hacerlo simplemente con un cepillo de silicona sumergido en un chorro de agua. Basta con cepillar ligeramente los cristales, tantas veces como sea necesario, hasta que se disuelvan todos los cristales. Esto es importante, ya que un solo cristal de azúcar puede provocar la recristalización, arruinando todo el lote de caramelos. Tenga siempre a mano un cepillo de silicona o de cerdas para limpiar las paredes del cazo.

SAUCEPAN

Al hacer caramelos, es importante utilizar una cacerola de buena calidad para distribuir mejor el calor. Un cazo demasiado fino puede provocar quemaduras y otras cosas desagradables. Sin embargo, no es necesario gastar mucho dinero; una de mis ollas favoritas para hacer caramelos es una vieja cacerola Revere Ware de 3 cuartos de galón con la que aprendí a hacer caramelos cuando era niño. Todavía me sirve. Recomiendo una olla de 2 o 3 cuartos para todas las recetas mencionadas, a menos que se especifique lo contrario. Además, asegúrese de que los lados del molde sean rectos, para que pueda obtener una lectura precisa en su termómetro.

FUNDAMENTOS DEL CHOCOLATE

ELEGIR UN CHOCOLATE DE CALIDAD

Cuando se pasea por las tiendas de alimentación especializadas o por las tiendas de hobbies, se dará cuenta de que hay básicamente dos tipos diferentes de chocolate entre los que elegir: el de cobertura y el de trozos para hornear, como el de Ghirardelli. La cobertura es un chocolate de muy alta calidad que contiene más manteca de cacao. Es posible que no pueda encontrar una cobertura de buena calidad en un supermercado, pero búsquela en tiendas de alimentación especializadas, tiendas de artesanía o incluso en Internet. Amazon tiene una buena selección de couverture sin leche a precios excelentes.

La principal diferencia entre la cobertura y las pepitas para hornear es el resultado final del chocolate. La cobertura da lugar a una textura brillante (como la de los chocolates de las chocolaterías y pastelerías), mientras que las pepitas de chocolate -cuando se utilizan para recubrir- suelen tener una textura más blanda que es mejor conservar en el frigorífico. Además, nunca es brillante. Utilizar ambos tipos de chocolate tiene sus ventajas, y le dejaré que decida qué tipo de chocolate elige para hacer bombones y otros dulces. Pero la calidad cuenta, así que, independientemente de que decida atemperar o no, asegúrese de buscar el chocolate de mejor sabor y mayor calidad que pueda permitirse cuando haga chocolate (hablaremos del atemperado más adelante).

En cuanto a la cobertura, la mayoría de los chocolates de más del 55% no contienen lácteos, por lo que son aptos para los veganos. Me gustan las marcas Guittard y Barry-Callebaut. Coppeneur Alemania es una gran marca sin soja.

Técnicamente, también existe una variedad de chocolate para fundir o sumergir, que a veces se vende como "Candy Melts". Estos suelen estar hechos con aditivos extraños y productos lácteos, por lo que es mejor evitarlos de todos modos, pero tampoco están hechos con manteca de cacao y, por lo tanto, no son verdadero chocolate.

TEMPLAR EL CHOCOLATE 101

Si bien es sencillo recubrir caramelos y otros dulces con trozos de chocolate fundido, lo que da lugar a una capa de chocolate uniforme y suave, el atemperado es el proceso que da al chocolate endurecido el típico chasquido y brillo de los chocolates profesionales. Atemperar el chocolate puede parecer desalentador, sobre todo si nunca ha oído hablar de ello, pero le aseguro que, como todo, con un poco de práctica, pronto tendrá resultados perfectos. Antes de intentar atemperar el chocolate, debe reunir algunos ingredientes y herramientas necesarios:

1. Chocolate de cobertura de alta calidad

2. Una caldera doble/baño maría o un recipiente de acero inoxidable y una cacerola que haga las veces de caldera doble

3. Un termómetro para chocolate. Asegúrese de buscar un termómetro hecho para el chocolate, o uno que alcance una temperatura de al menos 80 °F con precisión y que mida en pequeños incrementos.

4. Paciencia y persistencia

5. Moldes de chocolate (y guantes de chocolate)

La primera vez que empiece a atemperar, puede sentirse nervioso; tenga la seguridad de que siempre puede dejar que el chocolate se enfríe y volver a empezar si lo ha estropeado. Además, una vez que consiga atemperar el chocolate, sentirá una gran satisfacción. El magnífico brillo y la firmeza del chocolate atemperado bien merecen el esfuerzo adicional, que es sobre todo tiempo de espera.

Para atemperar, siga estas instrucciones, asegurándose de no dejar nunca agua cerca o alrededor del chocolate. Si el agua entra en contacto con el chocolate, éste se estropeará -incluso la más mínima cantidad- y no podrá atemperarlo nunca. También recomiendo utilizar un bol de acero inoxidable para atemperar en lugar de uno de gres o de vidrio, ya que este último tiende a retener el calor durante más tiempo, lo que puede ser problemático para atemperar.

Además, tenga en cuenta que las diferentes marcas de cobertura y porcentajes de cacao pueden tener y tendrán diferentes temperaturas de templado. Las instrucciones que aparecen a continuación son una pauta general para el chocolate negro, con un contenido de cacao de entre el 61 y el 66 por ciento.

1. A fuego medio-bajo, calentar de 2 a 3 cm de agua al baño maría. Coloque la cantidad necesaria de cobertura (picada o en monedas, no la ralle) en el bol de la caldera doble mientras el agua aún está fría, asegurándose de que no caiga nada de agua sobre la cobertura. Derretir el chocolate completamente, removiendo de vez en cuando y calentar a 115-120°F.

2. Retirar del fuego y dejar que se enfríe a unos 82°F, removiendo de vez en cuando. Una vez que esté a esa temperatura, vierta aproximadamente una cucharadita de chocolate sólido ya templado (unas 3 monedas de la bolsa de chocolate que esté utilizando) en la cobertura derretida. Remueva mucho. Esto se llama "sembrar".

3. Coloque el recipiente de la caldera doble de nuevo en el fuego medio-bajo y caliéntelo sin dejar de remover, hasta que la temperatura del chocolate aumente a 88- 91°F; una vez en este rango, retírelo del fuego. No deje que supere los 91°F o no se templará. Vigile de cerca el chocolate durante este paso, ya que se recalienta rápidamente.

4. Voilà! Ya tiene el chocolate templado. Si queda alguna "semilla" de chocolate, retírela antes de bañar, recubrir o moldear. Una vez que el chocolate esté templado, debería cuajar rápidamente (unos 20 minutos) a temperatura ambiente y parecerá brillante y "chasqueante" al morderlo. Utilícelo en moldes o para recubrir caramelos, como los Buttery Fingers o para recubrir las Salted Espresso Truffles. No coloque el chocolate en el frigorífico, ya que provocará "bloom", es decir, vetas blancas en el chocolate que se forman al separarse la manteca de cacao.

CARAMELOS CLÁSICOS

PIRULETAS O CARAMELOS DUROS

RENDIMIENTO: 20 CARAMELOS

¿Has pensado alguna vez en hacer tus propias piruletas? Si no es así, ¡ahora es el momento! Son facilísimas y puedes controlar completamente el sabor. Un viaje a una tienda de manualidades o de caramelos y tendrás lo necesario para hacer suficientes piruletas para un año. Busca moldes de plástico blanco, ya que están hechos específicamente para moldear caramelos duros y soltarlos sin que se rompan.

1 taza de azúcar

½ taza de agua

⅛ cucharadita de cremor tártaro

1 ó 2 gotas de colorante alimentario (opcional)

½ cucharadita de aceite o extracto aromatizado, como el de limón o el de cereza

- Coloca los moldes de plástico (blanco) para caramelos duros en una superficie plana y coloca los palos de piruleta, si los vas a utilizar. Ten los moldes cerca para cuando el azúcar esté listo.

- A fuego medio, en una cacerola de 2 ó 3 cuartos, combine el azúcar, el agua y el cremor tártaro y caliéntelo hasta que hierva, removiendo a menudo mientras se cocina. Asegúrese de cepillar las paredes del cazo con una brocha de pastelería húmeda una vez que los cristales de azúcar se hayan disuelto en su mayor parte. Una vez que la mezcla esté hirviendo, deje de remover.

- Coloque un termómetro de caramelo. Deje que la mezcla se cocine hasta que el termómetro de caramelo alcance los 300 °F (o la etapa de grietas duras utilizando el método de agua fría) o hasta que pase de ser transparente a tener un tono de caramelo muy ligero.

- Trabajando rápidamente, revuelva inmediatamente el colorante alimentario y el aromatizante en la olla. Vierta la mezcla en los moldes de caramelo. Golpee ligeramente el molde sobre una superficie plana para eliminar las burbujas de aire del caramelo, y deje que los caramelos cuajen hasta que estén totalmente endurecidos. Desmoldar y colocar en papel encerado. Guárdelo en un recipiente hermético hasta 1 mes.

En mi opinión, los moldes de silicona son los mejores para hacer caramelos duros. Pero también se pueden utilizar moldes de plástico blanco. Creo que los moldes de plástico para piruletas se desmoldan más fácilmente cuando el caramelo está todavía muy caliente, pero firme.

TEFÉ INGLÉS

RENDIMIENTO: 8 RACIONES

Este crujiente toffee está recubierto de un decadente chocolate negro y coronado con frutos secos tostados. Si eres alérgico a los frutos secos, sustitúyelos por semillas de girasol o de cáñamo tostadas, que estarán igual de deliciosas, o no los utilices. En el caso improbable de que le sobren caramelos, esta receta es una mezcla fabulosa para el helado cuando se tritura y se mezcla después de que el helado se haya batido. O bien, pruébalo en lugar de las chispas de chocolate en las galletas clásicas con chispas de chocolate.

1½ tazas de margarina no láctea

1½ tazas de azúcar

¼ de cucharadita de sal

2 tazas de chispas de chocolate no lácteo

1 taza de nueces (como almendras o pacanas), tostadas y picadas

- Prepara una bandeja para galletas o un molde para rollos con suficiente papel pergamino o un tapete de silicona para cubrirlo.
- Combine la margarina, el azúcar y la sal en una cacerola de 2 cuartos de galón y derrítala suavemente a fuego medio, removiendo a menudo.
- Continúe revolviendo cuando la mezcla llegue a hervir y siga

cocinando hasta que la mezcla de caramelo alcance los 300°F en su termómetro para caramelos (durante unos 30 minutos o la etapa de grietas duras si está utilizando el método de agua fría). Vierta inmediatamente la mezcla líquida de caramelo en la superficie preparada y extiéndala hasta que tenga un grosor de ¼ de pulgada. Deje que se enfríe durante unos 3 minutos, o hasta que esté ligeramente firme, y luego coloque cuidadosamente las chispas de chocolate en una capa uniforme sobre el toffee caliente. Deje reposar las virutas durante unos 2 minutos y, a continuación, utilice una espátula de silicona para alisar el chocolate sobre la parte superior del toffee.

- Espolvorear con las nueces y dejar enfriar completamente. Romper en trozos del tamaño de un bocado. Guardar en un recipiente hermético hasta 1 mes.

DEDOS DE MANTEQUILLA

RENDIMIENTO: 8 RACIONES

Estos irresistibles caramelos saben igual que los de la marca comercial, con capas de caramelo de mantequilla de cacahuete adictivamente crujientes envueltas en chocolate cremoso. Por supuesto, están igual de buenos sin el chocolate por fuera... especialmente cuando se desmenuzan y se espolvorean sobre el helado.

1 taza de azúcar

⅓ taza de jarabe de maíz

⅓ taza de agua a temperatura ambiente

1 taza de mantequilla de cacahuete cremosa

1 cucharadita de extracto de vainilla

2 tazas de couverture, atemperada (ver receta)

• Forre una bandeja para hornear de 9 × 13 pulgadas con papel pergamino o tenga listo un tapete de silicona para hornear del mismo tamaño.

• En una cacerola de 2 cuartos de galón, combine el azúcar, el jarabe de maíz y el agua. Llevar a ebullición a fuego medio, removiendo a menudo con una cuchara de madera limpia y lavando los lados con un cepillo de silicona. Una vez que haya hervido, reduzca la agitación ocasionalmente hasta que la mezcla indique 290 °F en un termómetro para caramelos (o la etapa de grietas suaves si se utiliza el método de agua fría).

• Retirar del fuego inmediatamente y mezclar rápidamente la mantequilla de cacahuete y el extracto de vainilla y extenderlo con un grosor de ½ pulgada en la bandeja del horno o en el tapete de silicona para hornear. Haz una ligera hendidura con un cuchillo afilado y rompe en barras de 1 × 2 pulgadas.

- Cubrir con cobertura atemperada y dejar que el caramelo cuaje hasta que el chocolate esté firme, durante 1 o 2 horas aproximadamente. Guardar en un recipiente hermético hasta 1 mes.

Puede sustituir el jarabe de maíz por agave para hacerlo sin maíz, aunque el color del caramelo será más oscuro y puede tener un sabor ligeramente diferente al del caramelo Butter-finger tradicional.

CARAMELO DE NIDO DE ABEJA

RENDIMIENTO: 10 RACIONES

Ya sea que lo llames Hokey Pokey, Puff Candy, Sea Foam, Sponge Candy u otro de sus muchos nombres diferentes y divertidos, este es un dulce especialmente amigable para los niños, y un proyecto divertido para una tarde de lluvia. Deja que los niños te observen mientras añades el bicarbonato de sodio, ya que te espera una sorpresa superdivertida. Necesitarás una olla grande adecuada para cocinar caramelos; el caramelo se vuelve GRANDE cuando añades bicarbonato de sodio, así que asegúrate de que sea bastante espaciosa.

¼ de taza de agua

¼ de taza de agave o jarabe de arce

1 taza de azúcar

¼ de taza de azúcar moreno (oscuro o claro)

2 cucharaditas de bicarbonato de sodio

2 tazas de chocolate de cobertura no lácteo o chips de chocolate no lácteos, derretidos (ver receta)

- Coloque un tapete de silicona en una bandeja para galletas y colóquelo en una superficie plana.

- En una olla se mezclan bien el agua, el agave y los azúcares. No es necesario remover el caramelo mientras se cocina, pero es bueno mezclarlo bien al principio. Enganche el termómetro para caramelos y cocine a fuego medio hasta que el termómetro alcance unos 285°F a 290°F, (o la etapa de grietas blandas usando el método de agua fría) o hasta que el jarabe oscurezca su color.

- Asegúrese de lavar las paredes de la olla con un cepillo de silicona húmedo al principio de las etapas de cocción, para no incorporar ningún cristal de azúcar a la mezcla ya disuelta y cocida.

- Cuando la mezcla haya alcanzado los 285°F, retírela del fuego y añada rápida y cuidadosamente el bicarbonato de sodio. La espuma se multiplicará por cuatro. Revuelve rápida y uniformemente y vierte la mezcla en el tapete de silicona, dejando que se forme una masa sólida. No intente extender la mezcla; déjela reposar hasta que se haya enfriado. Cortar en cuadrados del tamaño de un bocado y cubrir con el chocolate. Guárdelo en un recipiente hermético hasta 1 mes. Si no desea cubrir estos caramelos, deben guardarse inmediatamente en una bolsa de plástico hermética y seca, sin aire (con una pajita, etc.); sin cubrir, el caramelo de nido de abeja se conservará poco tiempo antes de cambiar de textura.

CARAMELOS

RENDIMIENTO: 20 CARAMELOS

¿Hay algo más pecaminosamente delicioso que un caramelo masticable? Estos caramelos pegajosos le harán dar volteretas por su auténtico sabor, sin necesidad de crema espesa o mantequilla.

1 taza de azúcar

1 taza de leche de coco entera en lata

½ taza de jarabe de maíz ligero o agave

¼ de taza de margarina no láctea o aceite de coco

1 cucharadita de extracto de vainilla

- Engrasa una fuente o molde para hornear (o utiliza un molde de silicona antiadherente). Cuanto más pequeña sea la base del molde, más gruesos serán los trozos de caramelo.
- Coloque todos los ingredientes, excepto la margarina y el extracto de vainilla, en una cacerola pesada de 2 o 3 cuartos (asegúrese de que los lados de su cacerola tengan al menos 6 pulgadas de altura porque la mezcla de caramelo hará burbujas).
- A fuego medio, removiendo constantemente con una cuchara de madera, disolver completamente el azúcar. A continuación, añada la margarina y remuévala hasta que hierva. Una vez hirviendo, dejar de remover.
- Deje que la mezcla siga hirviendo, sin remover, hasta que alcance de 245° a 250°F en su termómetro para caramelos (o la etapa de bola firme si está usando el método de agua fría), lo cual toma de 15 a 20 minutos.
- Cuando la mezcla esté a la temperatura adecuada, retírela inmediatamente del fuego y añada el extracto de vainilla. Vierta rápidamente en su plato preparado.
- Deje que se enfríe a temperatura ambiente durante unos minutos y luego métalo en el frigorífico durante una hora aproximadamente. Una vez que esté firme, corta el caramelo en cuadrados. Puedes congelar el

caramelo sólo unos minutos justo antes de cortarlo para que sea un poco menos pegajoso de manejar.

- Envuelve los caramelos en papel encerado y guárdalos en la nevera o en un lugar fresco y seco hasta 1 mes.

Para una delicia extra especial, pruebe a cubrir los caramelos firmes con chocolate, ya sea de cobertura atemperada (véase la receta) o con trocitos de chocolate fundido. Asegúrese de que los caramelos estén a temperatura ambiente o más fríos antes de intentar cubrirlos con chocolate y, una vez sumergidos, colóquelos en papel pergamino o encerado. Deje que el chocolate se vuelva a endurecer a temperatura ambiente durante 1 o 2 horas.

CARAMELOS DE GOMA TIRADOS A MANO

RENDIMIENTO: 40 PIEZAS

Te animo a que busques un compañero dispuesto, si tienes uno a mano, para que te ayude a tirar. No sólo es más divertido, sino que también es más fácil para la parte superior del cuerpo.

1 taza de azúcar

1 cucharada de almidón de maíz

½ taza de jarabe de maíz ligero

1 cucharada de margarina no láctea o aceite de coco, y más para las manos al tirar

6 cucharadas de agua

¼ de cucharadita de sal

1 cucharadita de glicerina vegetal (opcional - ver nota)

½ cucharadita de aceite de naranja, aceite de limón u otro extracto aromatizante

- Engrasa un pequeño recipiente de cristal para hornear y reúne un termómetro para dulces y papel encerado. Reservar un poco de margarina o aceite de coco para engrasar las manos mientras se tira.
- Bata el azúcar, la maicena, el jarabe de maíz, la margarina, el agua, la sal y la glicerina, si la utiliza, en una cacerola de 1 cuarto de galón hasta que no queden grumos y caliente a fuego medio. Remover constantemente hasta que la mezcla rompa a hervir.
- Cocine, sin remover, hasta que la mezcla alcance los 265 a 270°F en su termómetro de caramelo (o la etapa de grietas suaves si utiliza el método de agua fría) y luego retire inmediatamente del fuego y agregue el saborizante.
- Vierte el caramelo líquido en la fuente de horno engrasada y deja que se enfríe durante unos 10 minutos, o hasta que sea fácil de manejar. Una vez que sepas que no te vas a quemar, engrasa tus manos (muy limpias) y coge el taffy y forma un tronco. Empiece a estirar y tirar del caramelo, creando cuerdas y luego doblando y volviendo a tirar para

añadir aire al caramelo. Continúe tirando durante unos 15 minutos, hasta que el color se haya aclarado significativamente y se sienta ligero y aireado, como un caramelo. Cortar en trozos del tamaño de un bocado y envolverlos individualmente en papel encerado. Guárdelo en un recipiente hermético hasta 1 mes.

La glicerina de esta receta puede conseguirse en tiendas de suministros para la fabricación de caramelos y en Internet. Es totalmente opcional, pero ayuda a garantizar una textura cremosa y suave para el caramelo.

DELICIA TURCA

RENDIMIENTO: 30 PIEZAS

Las delicias turcas pueden ser el origen de las gominolas, ya que su centro masticable y afrutado sirvió de inspiración para las gominolas cubiertas de caramelo. Este caramelo es fácil de preparar, siempre que tenga todo el equipo y los ingredientes reunidos y listos.

MIX #1

3 tazas de azúcar granulado

½ taza de agave

½ taza de agua

⅛ cucharadita de cremor tártaro

MIX #2

1 taza de almidón de maíz

1 taza de azúcar glas

1 cucharadita de crema de tártaro

2½ tazas de agua

2 gotas de colorante alimentario, de cualquier color

⅛ cucharadita de aceite de limón o naranja, o 1 cucharadita de agua de rosas

½ taza de azúcar glas para espolvorear

¼ de taza de maicena para espolvorear

- Engrasa una fuente de horno de 8 × 8 pulgadas. Ten a mano una hoja de papel transparente para cubrir el caramelo.
- En una cacerola de 2 ó 3 cuartos de galón, combine todos los ingredientes de la Mezcla 1 y llévelos a ebullición a fuego alto. Una vez que la mezcla llegue a hervir, reducir el fuego a medio y seguir cocinando, removiendo a menudo, hasta que la mezcla alcance los 260 °F (o la fase de bola dura utilizando el método del agua fría). Mientras la mezcla se calienta hasta esa temperatura, pase al siguiente paso.

• En una olla, bata los ingredientes de la mezcla nº 2 (excepto el colorante y el aromatizante) hasta que estén completamente homogéneos y cocínelos a fuego medio-alto hasta que hiervan. Una vez que la mezcla hierva, cocine durante unos 2 minutos, o hasta que esté muy espesa. Retirar del fuego.

• Una vez que la mezcla 1 alcance los 260°F, viértala rápidamente en la olla que contiene la mezcla
#2 y remover enérgicamente pero con cuidado hasta que esté bien combinado. Reducir el fuego a medio-bajo y cocinar durante 35 minutos más, removiendo a menudo con una espátula de silicona hasta que la mezcla esté espesa y suave, como la miel batida.

• Añadir las 2 gotas de colorante alimentario y ⅛ cucharadita de aromatizante. Verter en la fuente de horno preparada y cubrir inmediatamente con papel film. Deje que el caramelo se endurezca y se enfríe a temperatura ambiente, durante unos 30 minutos.

• Bata la maicena y el azúcar de repostería y cubra suavemente el cuadrado de caramelo enfriado con la mezcla de azúcar en cada lado. Utilice un cuchillo afilado para cortar el caramelo en cuadrados del tamaño de un bocado. Guárdelo en un recipiente hermético hasta 1 mes.

NESGAS DE AZÚCAR

RENDIMIENTO: 10 NIDOS

Los nidos de azúcar son un complemento muy divertido para la presentación de un postre y no son tan difíciles como parecen. Eso sí, hay que tener cuidado al manipular el almíbar caliente, asegurándose de no mancharse accidentalmente, ¡ya que se *calienta!* Por lo demás, rocía el azúcar a tu antojo para hacer formas y diseños impresionantes. Los cuencos son una bonita presentación para el helado cuando se congelan durante 10 minutos antes de servirlo, o se pueden utilizar como complementos decorativos para las tartas.

2 tazas de azúcar

½ taza de agua

3 cucharadas de agave

- Prepara todo tu espacio de trabajo cubriendo alrededor de la estufa y en el suelo con pergamino, con cuidado de no dejar que ninguno se acerque demasiado al quemador, para que no se incendie. Tenga a mano una hoja de pergamino para colocar los nidos terminados.

- Sobre un trozo de pergamino, voltea un molde para muffins grande o de tamaño estándar para que puedas usar el fondo y el exterior de los vasos como molde y engrasa ligeramente el fondo de los vasos. A mí me gusta el aceite de almendras, pero un spray antiadherente funcionará bien. Coloca el termómetro para caramelos en una cacerola de 2 o 3 cuartos de galón. Ten a tu lado un tazón grande de metal con agua helada para que puedas estar listo para sumergir la olla de jarabe cocido en el tazón para enfriarlo.

- A fuego medio, combina el azúcar, el agua y el agave. Revolviendo de vez en cuando, y cepillando los lados de la sartén con un cepillo de silicona húmedo para eliminar los cristales de azúcar, cocine el jarabe hasta que alcance 310 °F en su termómetro de caramelo y se vuelva de color ámbar oscuro (o la etapa de grietas duras si se utiliza el método de agua fría).

- Retirar inmediatamente del fuego y sumergir la olla en el baño de agua helada. Remover brevemente hasta que se espese y sacar del agua. Con las púas de un batidor de varillas o un tenedor, rocíe con mucho cuidado finos hilos del sirope caliente sobre los moldes de magdalena engrasados y volteados, creando un bonito lío de hilos. Aparte la mezcla de azúcar caliente en una trébede hasta que esté listo para hacer la siguiente tanda de nidos. Tenga cuidado al trabajar con esta mezcla, ya que está muy caliente. Tenga cuidado al manipularla y use guantes de cocina si los tiene.
- Dejar reposar el almíbar rociado durante unos 15 segundos o hasta que esté ligeramente caliente al tacto. Utilice las manos limpias y secas para sacar los nidos de la sartén y doblar y formar el azúcar en forma de nido, o cualquier otra forma deseada, y colocar en otra hoja de pergamino limpia y seca.

- Repetir con el resto de la mezcla de azúcar caliente (la mezcla permanecerá caliente en la olla). Trabaje rápido! El almíbar se enfría rápidamente y querrá cogerlo en su perfecto estado de maleabilidad y frescura al tacto.

- Utilizar inmediatamente para decorar o guardar en un recipiente hermético hasta 1 semana.

MANÍ DE BRIGADA

RENDIMIENTO: 8 RACIONES

Asegúrese de buscar cacahuetes crudos o "españoles" cuando haga esta receta, ya que los cacahuetes se cocinan en la mezcla de caramelo caliente. Si utiliza cacahuetes tostados, los cacahuetes se cocinarán en exceso. Este caramelo funciona bien con otros sabores mezclados. Pruebe con 1 cucharadita de canela o salsa Sriracha para darle un toque divertido.

1 cucharadita de bicarbonato de sodio

Opcional: 1 cucharadita de canela molida, salsa Sriracha u otro aromatizante

1¼ tazas de cacahuetes crudos

1 taza de azúcar

½ taza de jarabe de maíz ligero o agave

¼ de taza de agua

1 cucharada colmada de margarina no láctea o aceite de coco

1 cucharadita de extracto de vainilla

- Engrasar una bandeja para galletas. En un tazón pequeño, mezcle el bicarbonato de sodio y la canela u otra especia, si la utiliza. En un recipiente aparte, medir los cacahuetes.
- En una cacerola de 2 o 3 cuartos, combine el azúcar, el jarabe de maíz, el agua y la margarina. A fuego medio, removiendo de vez en cuando con una cuchara de madera, llevar la mezcla a ebullición. Cuando empiece a hervir, añada los cacahuetes.
- Vuelva a hervir y manténgalo a fuego medio hasta que la mezcla de caramelos alcance los 300°F en su termómetro para caramelos (o la etapa de grietas duras utilizando el método del agua fría).
- Retirar del fuego y añadir la mezcla de bicarbonato y el extracto de vainilla. Si está utilizando aromatizantes adicionales, añádalos ahora.

Remover bien y verter en la bandeja de horno engrasada. Espere unos minutos, hasta que el caramelo esté lo suficientemente frío como para manejarlo, y tire suavemente hasta conseguir el grosor deseado.

- Deje que se enfríe por completo y, a continuación, divídalo en trozos individuales. Guárdelo en un recipiente hermético hasta 1 mes.

NOTA DE ALERGIA

Para una versión sin maíz, utilice agave en lugar de jarabe de maíz.

CARAMELO KETTLE CORN

RENDIMIENTO: 5½ CUPS

Es una delicia para servir en Halloween o en cualquier momento. La combinación dulce y salada del kettle corn es difícil de resistir, así que asegúrate de duplicar la receta si la haces para una gran multitud.

5½ tazas de palomitas de maíz, saladas al gusto (aproximadamente ½ taza de granos sin abrir)

2 tazas de azúcar

1 taza de jarabe de maíz ligero o agave

½ taza de margarina no láctea

¼ de taza de sidra de manzana

1 cucharadita de extracto de vainilla

1 cucharadita de vinagre de sidra de manzana

1 taza de chispas de chocolate no lácteo

⅔ taza de almendras laminadas, tostadas

- Asegúrese de que las palomitas de maíz están hechas y apartadas, listas para su uso en un bol grande. Ten cerca un termómetro de caramelo y una cuchara de madera.
- Engrasar una bandeja para galletas de 9 × 13 pulgadas.
- En una cacerola pesada, de al menos 8 pulgadas de profundidad, combinar el azúcar, el jarabe de maíz, la margarina y la sidra de manzana. A fuego medio, llevar la mezcla a ebullición, removiendo de vez en cuando. Continúe cocinando a fuego medio y revolviendo regularmente con una cuchara de madera hasta que su termómetro para caramelos marque 300°F (o la etapa de grietas duras si utiliza el método de agua fría). Esto lleva un tiempo. La paciencia vale la pena, así que no se apresure y retire el caramelo del fuego antes de que llegue a la etapa de grietas duras. Asegúrese de lavar (receta) los lados!
- Retirar la mezcla de caramelo del fuego y añadir rápidamente el extracto de vainilla y el vinagre. Vierta la mezcla de caramelo

CALIENTE sobre las palomitas y revuelva rápidamente hasta que se cubran de manera uniforme. Dejar enfriar de 5 a 7 minutos. Extender en una bandeja de horno engrasada y dejar enfriar completamente.

• Utilizando una caldera doble, derrita el chocolate hasta que esté suave. Rocíe el chocolate derretido sobre las palomitas confitadas y espolvoree las almendras fileteadas. Dejar que el chocolate se endurezca y luego romperlo en trozos del tamaño de un bocado. Guárdelo en un recipiente hermético en el frigorífico o en un lugar fresco donde el chocolate no se derrita hasta 1 mes.

Para tostar fácilmente las almendras, extiéndalas en una capa uniforme en una bandeja para galletas y hornéelas durante 7 minutos a 375°F, o hasta que estén fragantes.

CARAMELOS DE RUEDA DE MOLINO

RENDIMIENTO: 20 PIEZAS

Hay muchas especulaciones sobre los orígenes de este dulce, que van desde los alemanes, a los irlandeses, a los holandeses de Pensilvania, hasta el producto del ingenio durante la Gran Depresión, cuando sólo había ingredientes limitados para trabajar, lo que puede ser la razón por la que las patatas son un ingrediente clave aquí. Aunque normalmente no se piensa en las patatas como alimento de postre, ¡realmente funcionan muy bien en esta receta! Recomiendo utilizar una variedad Yukon Gold o similar; si se opta por la russet, es posible que se necesite un poco más de leche no láctea para que quede suave.

1 patata grande de tamaño medio o bajo en almidón, pelada, triturada y ligeramente salada

¼ de taza de leche no láctea

1 cucharadita de extracto de vainilla

½ cucharadita de sal

2 libras (unas 6 tazas) de azúcar de repostería (o suficiente para hacer una masa dura)

Aproximadamente 1 taza de mantequilla de avellana con chocolate (como la marca Justin's)

- En un cuenco grande, combinar el puré de patatas, la leche no láctea, el extracto de vainilla y la sal marina hasta que quede suave. Incorporar gradualmente el azúcar de repostería hasta que se forme una masa dura. Puede necesitar un poco más o un poco menos de azúcar dependiendo del nivel de humedad de su puré de patatas.

- Formar la masa en una hamburguesa grande y refrigerar durante al menos 2 horas. Coloque la masa refrigerada entre dos hojas de papel plástico y extiéndala hasta formar un rectángulo de aproximadamente

½ pulgada de grosor. Unte generosamente la mantequilla de avellana y chocolate hasta que quede cubierta. Usando la pieza inferior del envoltorio de plástico, guíe suavemente la masa en un rollo a lo largo como lo haría con un rollo de gelatina. Cubra con el envoltorio de plástico y enfríe durante una hora más. Una vez enfriada, córtela en secciones de ½ pulgada de ancho y envuélvala en papel encerado, girando cada lado para cerrarla.

- Guardar en la nevera en un recipiente hermético. Se conserva hasta 1 semana.

MENTAS PARA DESPUÉS DE LA CENA

RENDIMIENTO: 80 MENTAS

Estos caramelos de menta son fáciles de preparar pero lo suficientemente impresionantes como para presumir de ellos cuando los sirvas a tus amigos. Llámalos artesanos y verás cómo se les iluminan los ojos.

Tenga en cuenta que puede sustituir el queso crema por crema de anacardos dulce, sólo tiene que añadir un poco más de azúcar glas hasta que alcance la consistencia correcta.

8 onzas de queso crema no lácteo

1 cucharada de margarina no láctea

2 gotas de extracto/aceite de menta puro

Pasta de colorante alimentario (utilice sin maíz si es necesario)

De 3½ a 4 tazas de azúcar glas, más un poco de azúcar para espolvorear (si es necesario, utilice azúcar sin azúcar)

- Mezclar el queso crema, la margarina, el aceite de menta y el colorante alimentario con un batidor hasta que quede suave. Añade poco a poco el azúcar de repostería, aproximadamente ½ taza cada vez, hasta que se forme una masa rígida, parecida a la plastilina.
- Formar un disco y extenderlo entre dos hojas de papel pergamino. Corta con un cortador de galletas muy pequeño (o utiliza un cuchillo/cortador de pizza para cortar en cuadrados) en las formas deseadas y luego colócalas en una bandeja para galletas que quepa en tu nevera. Enfría durante 1 hora y luego pásalo a un recipiente de plástico resellable para guardarlo hasta 1 mes en la nevera. También se congelan bien y se pueden descongelar en la nevera hasta el momento de comerlas.

MARZIPAN

RENDIMIENTO: 10 RACIONES

El mazapán, que se vende en pequeños tubos en tiendas especializadas o en el pasillo de repostería del supermercado de tu barrio, es fácil de hacer en casa, lo que te ahorra tanto el dinero como el esfuerzo de encontrar uno sin lácteos, huevos ni gluten, lo que puede ser difícil. Además, las almendras, que son el ingrediente principal, son pequeñas fuentes de energía ricas en calcio, hierro, potasio, magnesio, cobre y zinc.

1 cucharada de harina de linaza

2 cucharadas de agua

3 tazas de harina de almendra blanqueada

1 taza de azúcar glas, más una cantidad extra para el rodillo

Una pizca de sal

- En un tazón pequeño, combine la harina de linaza con el agua y déjela reposar hasta que se espese, durante unos 5 minutos.
- En un procesador de alimentos, mezcle las 3 tazas de harina de almendras hasta que la textura se convierta en algo parecido a una pasta, raspando a menudo los lados y el fondo del bol. La mezcla debe durar entre 7 y 10 minutos hasta que se convierta en una pasta.
- Añadir el azúcar glas y la sal y batir hasta que se desmenuce de nuevo, entre 30 segundos y 1 minuto. Añada aproximadamente la mitad de la harina de linaza preparada mientras el procesador de alimentos está mezclando y continúe añadiendo un poco más hasta que la mezcla se agrupe en una masa. Retirar del procesador de alimentos y formar un cilindro. Extienda la masa con cuidado sobre una superficie cubierta de azúcar glas y envuélvala bien para guardarla. Utilícelo inmediatamente o manténgalo refrigerado hasta 2 semanas.

CHOCOLATE BLANCO SIMPLE

RENDIMIENTO: 8 ONZAS

Esta confección se utiliza mejor para hornear o hacer caramelos, más que para merendar, pero es perfecta para las recetas de este libro que requieren chocolate blanco. Busque la manteca de cacao de mayor calidad alimentaria que pueda encontrar para obtener un sabor de máxima calidad.

8 onzas de mantequilla de cacao de grado alimentario, picada en trozos de ½ pulgada

¼ de taza de leche de soja en polvo

3 cucharadas de agave

⅓ taza de azúcar glasé

⅛ cucharadita de sal

1 cucharadita de extracto de vainilla

- En una caldera doble, a fuego medio-bajo, derretir la mantequilla de cacao hasta que esté completamente licuada. Batir la leche de soja en polvo hasta que se disuelva por completo. Incorporar el agave, el azúcar glas, la sal y el extracto de vainilla y volver a batir hasta que esté bien mezclado y no queden grumos. Verter directamente en un molde de plástico o silicona para chocolate y refrigerar durante 20 minutos hasta que esté sólido. Desmoldar y utilizar como se desee. Guárdelo en un recipiente hermético hasta 1 mes.

NUGGETS DE CHOCOLATE Y ALMENDRAS

RENDIMIENTO: 10 RACIONES

Cuando era niño, una de mis combinaciones de dulces favoritas era simplemente el chocolate con las almendras. Estos bocados son un homenaje a estos dos sabores "hechos el uno para el otro".

½ taza de almendras laminadas

1 taza de chocolate no lácteo

¼ de taza de harina de almendra

- Precaliente el horno a 375°F y extienda las almendras en una bandeja de horno. Hornee durante 7 minutos, o hasta que estén fragantes. Vigilar cuidadosamente para que no se quemen.
- Derretir el chocolate al baño maría hasta que esté totalmente homogéneo. Incorporar la harina de almendras y las almendras tostadas. Colocar en papel encerado o en un tapete de silicona con pequeñas cucharadas. Deje que se endurezca por completo. Guardar en un recipiente hermético hasta 3 semanas.

CORTEZA FÁCIL DE VACACIONES

RENDIMIENTO: 8 RACIONES

Una forma segura de impresionar sin el estrés adicional de las fiestas! Añade tus caramelos favoritos de las fiestas, o sigue la versión tradicional como la que yo hago a continuación. De cualquier manera, terminarás con una delicia lo suficientemente buena como para regalar.

2 tazas de chocolate negro no lácteo, en monedas o chips

2 tazas de chocolate blanco no lácteo, en trozos o en virutas

1 taza de bastones de caramelo triturados (compruebe si los ingredientes contienen gluten o productos de origen animal)

- Ten preparado un molde de silicona de 8 × 8 pulgadas. También puedes usar una bandeja para hornear forrada con papel encerado o papel de aluminio, pero la silicona es mejor.
- Sobre una caldera doble, derrita o atempere (instrucciones) el chocolate negro y distribúyalo uniformemente en el molde de silicona. Coloque el chocolate en el refrigerador para que se endurezca.
- Mientras tanto, prepara el chocolate blanco fundiéndolo al baño María. Dependiendo del tipo de chocolate que utilices, puede ser totalmente líquido o muy espeso. Una vez derretido, extiende o vierte el chocolate blanco sobre el chocolate negro solidificado. Espolvorear con bastones de caramelo triturados. Deje que se endurezca y luego péguelo en trozos. Guardar en un recipiente hermético hasta 1 mes.

HAMBURGUESAS DE CHOCOLATE Y MENTA

RENDIMIENTO: 30 CARAMELOS

Este caramelo lleva el clásico pastel de menta un paso más allá y le infunde un sabor a chocolate extra intenso. Si no puedes encontrar el cacao oscuro en polvo, el cacao en polvo normal funcionará bien. Puedes utilizar una cantidad igual de crema de anacardos dulce en lugar del queso crema vegano para una versión sin soja.

2 tazas de azúcar en polvo

¼ de taza de cacao oscuro en polvo

¼ de taza + 2 cucharadas de queso crema no lácteo

½ cucharadita de sal marina

1 cucharadita de extracto de menta

2 tazas de chocolate semidulce no lácteo

- En un cuenco grande (lo mejor es una batidora eléctrica), mezcle el azúcar glas, el cacao en polvo, el queso crema, la sal y el extracto de menta hasta que quede muy suave. Dividir en dos discos iguales y envolverlos en papel encerado. Enfríe en el frigorífico durante al menos 1 hora, o de 10 a 15 minutos en el congelador.
- Coloque un disco de masa de chocolate entre dos hojas de pergamino y extiéndalo hasta que tenga un grosor de ¼ de pulgada. Utiliza un cortador de galletas redondo de 1½ pulgadas para cortar círculos. Vuelve a colocar los círculos de masa en la nevera y deja que se enfríen mientras derrites el chocolate.
- Sobre una caldera doble a fuego medio-bajo, derrita el chocolate hasta que esté brillante y suave, o atempere según las instrucciones de atemperado. Cubrir los discos de masa enfriada pintando sobre el chocolate con un pincel de repostería. Colóquelos con cuidado en una rejilla forrada con papel encerado para que se enfríen. Deje reposar hasta que el chocolate esté firme. Guárdelo en el frigorífico en un recipiente hermético hasta 1 mes.

BARRAS DE CARAMELO DE DOBLE CHOCOLATE

RENDIMIENTO: UNAS 4 BARRAS DE CARAMELO

Estas barras de caramelo están rellenas de un irresistible relleno de chocolate y caramelo que sólo pide un bocado más. Estas barras de caramelo de tamaño normal pueden convertirse en pequeños caramelos de chocolate utilizando un molde más pequeño. ¿Busca un sabor más ligero? Pruebe estas barritas con trocitos de chocolate blanco en el relleno en lugar de las tres cucharadas adicionales de chocolate negro.

1 taza más 3 cucharadas de monedas o patatas fritas de cobertura no láctea

2 cucharadas de margarina no láctea o aceite de coco

2½ tazas de malvaviscos veganos, como Dandies o Sweet and Sara

- Siguiendo las instrucciones de atemperado de este libro, atempere una taza de chocolate. Cubra el interior de cuatro moldes de barras de caramelo de tamaño estándar con tres cuartas partes del chocolate. Deje que el chocolate se endurezca por completo durante aproximadamente 1 hora.
- En una cacerola pequeña a fuego medio-bajo, derrita la margarina junto con las 3 cucharadas de monedas de chocolate. Añade los malvaviscos y remueve constantemente hasta que se derritan por completo, durante 1 o 2 minutos.
- Dejar enfriar unos 5 minutos y luego rellenar los moldes de chocolate con el relleno. Cubra con el resto del chocolate atemperado y utilice un borde recto para aplanar completamente. Deje que las barras de caramelo cuajen completamente, durante unas 2 horas, o hasta que se desprendan fácilmente de los moldes. Guárdelas en un lugar fresco y seco, envueltas o sin envolver en un recipiente hermético hasta 1 semana.

HUEVOS CON CREMA

RENDIMIENTO: 10 HUEVOS DE CREMA

Son muy fáciles de hacer, sólo necesitas un buen molde de chocolate (de plástico transparente) y una tarde sin hacer nada. El colorante alimentario no es necesario en esta receta, pero ayuda a crear la auténtica "yema" a la que estamos tan acostumbrados en un huevo de crema.

1 molde de chocolate de plástico con forma de huevo en el que caben veinte mitades de huevo de chocolate

2¼ tazas de chocolate de cobertura, divididas

¼ de taza de jarabe de maíz ligero

2 cucharadas de margarina no láctea, ablandada

1 taza de azúcar glas

1 cucharadita de extracto de vainilla

1 ó 2 gotas de colorante alimentario amarillo

- Sobre una caldera doble, atemperar 2 tazas de chocolate según las instrucciones de atemperado. Cubra el interior de veinte moldes de chocolate de plástico con forma de mitades de huevo. También puede utilizar un molde típico de trufa y cubrir cada cavidad de manera uniforme con chocolate. Deje que el chocolate se endurezca completamente y luego haga el relleno.
- Para hacer el relleno, en un bol pequeño bata el jarabe de maíz, la margarina, el azúcar glas y el extracto de vainilla hasta que quede muy suave. Transfiera una cuarta parte del relleno a un bol aparte y añada el colorante alimentario amarillo.
- Saca las formas de huevo del molde.
- Llena diez de las cavidades de los huevos de chocolate hasta dos tercios de su capacidad con el relleno blanco y, a continuación, deja caer un punto central de fondant amarillo en el centro del blanco hasta llenarlo casi por completo, dejando un poco de espacio en la parte superior para que el fondant no rebose. Atempera ¼ de taza del chocolate restante y pega el chocolate sólo en los bordes de uno de los huevos; úsalo para pegar cada mitad de los huevos, uno relleno y otro hueco. Dejar que el chocolate se endurezca por completo. Guárdelo en un lugar fresco y seco hasta 3 semanas.

TRUFAS Y CARAMELOS

TRUFAS DE ESPRESSO SALADO

RENDIMIENTO: 36 TRUFAS

Se especula que la primera trufa de chocolate se originó en Francia, pero hoy en día existen innumerables variedades de innumerables países, lo que la convierte en uno de los chocolates más populares del mundo. El secreto de una trufa perfecta es la proporción: 2 partes de chocolate por 1 parte de crema.

1 taza de chocolate de cobertura o chips de chocolate no lácteos

½ taza de leche de coco entera en lata

⅛ cucharadita de sal marina

1 cucharadita de extracto de vainilla

½ cucharadita de café expreso en polvo

½ taza de cacao en polvo o harina de almendras, para espolvorear

- Al baño maría, derretir la cobertura hasta que esté completamente lisa. Retire el bol del fuego y colóquelo en una superficie apta para el calor.
- En un cazo pequeño, calentar la leche de coco, la sal, el extracto de vainilla y el café expreso en polvo hasta que empiece a hervir a fuego lento y esté obviamente caliente al tacto, pero sin que llegue a hervir.
- Con un batidor de varillas, revuelva suavemente la mezcla de leche de coco calentada en el centro de la cobertura derretida y mezcle suavemente y con cuidado en forma circular hasta que esté completamente mezclada. Transfiera la mezcla a un bol de plástico y cúbrala con papel de plástico.
- Enfriar en la nevera durante 1 o 2 horas, hasta que esté firme.
- Con una cuchara pequeña o redondeada, y con las manos espolvoreadas de chocolate, haga bolas de chocolate de 2,5 cm. Pasar inmediatamente las trufas por el cacao en polvo. Enfriar antes de servir y guardar en un recipiente hermético en la nevera hasta 2 semanas.

TRUFAS DE FRESA Y PISTACHO

RENDIMIENTO: 25 TRUFAS

Qué fantástica combinación de sabores hacen la fresa y el pistacho junto con el chocolate. Siéntase libre de usar conservas de fresa hechas en casa o compradas en la tienda, ambas sabrán igual de divinas.

2 tazas de chispas de chocolate semidulce no lácteo

¼ de taza + 2 cucharadas de leche de coco entera

1 cucharadita de extracto de vainilla

¼ de taza de conservas de fresa

1 taza de pistachos, picados finamente

- En una cacerola a fuego medio-bajo, combinar todos los ingredientes excepto los pistachos.
- Remover constantemente hasta que el chocolate esté completamente derretido y la mezcla esté muy bien combinada.
- Páselo a un bol y enfríelo hasta que sea fácil de hacer una bola, durante unas 2 horas. Un viaje rápido al congelador también les ayudará.
- Con una cuchara de helado de 2,5 cm, forme bolas de chocolate y páselas por los pistachos picados. Colóquelas en un plato o bandeja cubierta de pergamino y enfríelas toda la noche en el frigorífico o hasta que estén firmes. Guárdelo en un recipiente hermético en la nevera hasta 1 mes.

CORDIALES DE CEREZA

RENDIMIENTO: DE 15 A 20 CARAMELOS

Estos caramelos son sencillos de hacer, pero requieren una cobertura templada y moldes de chocolate para que funcionen, ya que el chocolate sin templar es demasiado blando y sin moldes se ensucian los cordiales. Para un rápido repaso de cómo atemperar el chocolate, consulte el apartado de atemperado.

De 15 a 20 cerezas al marrasquino, sin tallos (ver nota)

¼ de taza de brandy

1 taza de cobertura, templada

⅓ taza + 1 cucharada de azúcar glas

3 cucharaditas de zumo de cereza (del tarro de cerezas)

¼ de cucharadita de extracto de vainilla o de almendra

Un molde de chocolate

- Escurrir el líquido de las cerezas al marrasquino, reservarlo y colocar las cerezas en una toalla de papel. Transfiera las cerezas a un bol pequeño que contenga el brandy y déjelas en remojo durante 1 hora. Sáquelas del brandy y póngalas sobre una toalla de papel seca. Deje reposar las cerezas hasta que estén bastante secas al tacto, durante aproximadamente 1 hora.
- Unte el chocolate atemperado en el interior del molde de chocolate para cubrir los lados de manera uniforme. Deje que el chocolate se endurezca por completo. Coloque una cereza en cada cavidad.
- Mezclar el azúcar glas, el zumo de cereza y el extracto de vainilla y verter una pequeña cantidad (sólo para rellenar) sobre las cerezas. Cubrir con chocolate atemperado y dejar reposar hasta que el chocolate se haya endurecido por completo. Guardar en un recipiente hermético hasta 1 semana.

NOTA DE ALERGIA

Utilice extracto de vainilla en lugar de almendra para obtener un caramelo sin frutos secos.

También puede omitir el relleno de fondant y sumergir las cerezas empapadas en brandy directamente en la cobertura templada. Esto funciona especialmente bien si se dejan los tallos de las cerezas. Sólo hay que sumergirlas y colocarlas en papel encerado para que se endurezcan.

BUCKEYES

RENDIMIENTO: 30 BUCKETS

Se pueden utilizar chips de chocolate con estos o couverture. Nacido y criado en Ohio, tiendo a pensar que el método de las chispas de chocolate es más auténtico, pero, hay que admitirlo, el couverture es definitivamente más glamuroso y añade una bonita cáscara a la capa exterior. Al sumergirlos, asegúrese de dejar un poco de mantequilla de cacahuete al descubierto (aproximadamente ½ pulgada de diámetro) para que los caramelos parezcan auténticos buckeyes.

1½ tazas de mantequilla de cacahuete suave

1 taza de margarina no láctea, ablandada a temperatura ambiente

2 cucharaditas de extracto de vainilla

¼ de cucharadita de sal

5¾ a 6 tazas de azúcar glas

3 tazas de chispas de chocolate no lácteo o couverture

- Forrar una bandeja para galletas de 9 × 13 pulgadas con papel encerado.
- Mezclar la mantequilla de cacahuete y la margarina hasta que esté súper suave.
- Añadir el extracto de vainilla y la sal.
- Con la batidora eléctrica, incorpore lentamente el azúcar de repostería hasta que se formen pequeñas migas. La mezcla debe pasar de ser muy

cremosa a parecer masa de galletas seca pulverizada y muy desmenuzada.

- Tomar una o dos pizcas de polvo/masa y, con las manos, trabajar para formar bolas de una pulgada. Si parecen desiguales, sigue trabajándolas con las manos hasta que sean suaves y esféricas.

- Coloque cada una en una bandeja de galletas e inserte un palillo en el centro. Golpea suavemente alrededor del palillo para "sellarlo" en la bola de mantequilla de cacahuete.

- Enfríe en el congelador durante unos 40 minutos, o hasta que esté bien firme. Esto evita que los palillos se deslicen al sumergirlos.

- Utilizando una caldera doble, derrite el chocolate hasta que esté suave o sigue las instrucciones para atemperarlo. Saca las bolas de mantequilla de cacahuete del congelador y mételas con cuidado en el chocolate, teniendo cuidado de que no se salga el palillo. Colócalas en papel encerado y repite la operación hasta cubrirlas todas.
- Dejar reposar a temperatura ambiente hasta que el chocolate se haya endurecido. Retire los palillos y selle el pequeño agujero del centro con el dorso de una cuchara o con la punta de los dedos. Guárdelo en un recipiente hermético hasta 1 mes.

CARAMELO OSCURO Y DE ENSUEÑO

RENDIMIENTO: 64 PIEZAS

Súper rico y extra de ensueño, este caramelo se disfruta mejor en trozos pequeños para que pueda saborear el intenso sabor. Si le gusta un poco de crujido en su caramelo, simplemente añada 1 taza de trozos de nueces tostadas al caramelo antes de extenderlo en un molde preparado, o espolvoréelo por encima.

½ taza de azúcar

1 cucharadita de extracto de vainilla

2 cucharadas de leche no láctea

2 cucharadas de margarina no láctea

10 onzas de crema Ricemellow (malvavisco vegano)

3 tazas de chispas de chocolate no lácteo

- Prepare un molde de 8 × 8 pulgadas engrasándolo ligeramente con margarina no láctea.

- En una cacerola de 2 cuartos de galón, combine el azúcar, el extracto de vainilla, la leche no láctea y la margarina y lleve a ebullición a fuego medio. Cocine durante 1 minuto, removiendo a menudo. Incorpore la crema Ricemellow y caliéntela hasta que esté tibia y se haya combinado uniformemente con la mezcla de azúcar, durante unos 4 minutos.

- Incorpore rápidamente las pepitas de chocolate hasta que se hayan derretido por completo y vierta la mezcla en el molde preparado. Deje que se enfríe por completo y, a continuación, póngalo a enfriar en el frigorífico durante al menos 2 horas antes de cortarlo. Guárdelo en un recipiente hermético en el frigorífico hasta 1 mes.

CARAMELO DE MANTEQUILLA DE CACAHUETE

RENDIMIENTO: 20 PIEZAS

Esta es una opción perfecta para cuando se te antoja un dulce, pero no tienes un termómetro para dulces a mano. Trabajar rápidamente es una parte importante de la elaboración de este dulce, así que asegúrate de tener todos los ingredientes y el equipo listos antes de empezar.

½ taza de margarina no láctea

2 tazas de azúcar moreno

½ taza de leche no láctea

1 taza de mantequilla de cacahuete cremosa

1½ cucharaditas de extracto de vainilla

3 tazas de azúcar en polvo

1½ tazas de chispas de chocolate no lácteo

- Engrasar ligeramente un molde para pan de tamaño estándar o un pequeño molde cuadrado para pasteles.
- En una cacerola de 2 cuartos, a fuego medio, calentar la margarina hasta que se derrita. Añada el azúcar moreno y la leche no láctea y cocine a fuego medio hasta que la mezcla rompa a hervir (durante unos 2 o 3 minutos).
- Una vez que rompa a hervir, programe el temporizador para 2 minutos exactos. Siga cocinando a fuego medio, removiendo durante toda la cocción, eliminando los cristales de azúcar según sea necesario.
- Después de 2 minutos, retire del fuego y añada rápidamente la mantequilla de cacahuete y el extracto de vainilla, y enseguida añada el azúcar glas, mezclando brevemente hasta que todo el azúcar se haya incorporado.
- Extienda el caramelo grueso en el molde preparado y espere a que cuaje ligeramente.
- Una vez que el dulce se haya enfriado un poco, derrite las chispas de chocolate al baño maría y rocía todo el dulce. Deja que el chocolate se vuelva a endurecer y sírvelo. Guárdalo en un recipiente hermético hasta 2 semanas.

CARAMELOS A BASE DE FRUTAS

CIRUELAS DE AZÚCAR

RENDIMIENTO: 24 CIRUELAS DE AZÚCAR

Estas pequeñas joyas se han hecho muy conocidas a partir de su importantísimo cameo en el clásico cuento de Navidad y, aunque puedan evocar en su mente imágenes de ciruelas cubiertas de azúcar, en realidad nunca han contenido ninguna ciruela. "Ciruela" solía ser una forma popular de describir cualquier fruta seca, pero las ciruelas de azúcar solían contener una mezcla de dátiles, albaricoques o higos para lograr su dulzura.

1 taza de almendras crudas

1 cucharadita de ralladura de limón o naranja

½ taza de higos secos picados

½ taza de dátiles secos picados

½ cucharadita de canela

¼ de cucharadita de nuez moscada

Una pizca de clavo de olor molido

2 cucharadas de agave

½ taza de azúcar glas para espolvorear

- Precaliente el horno a 400°F y extienda las almendras en una capa uniforme sobre una bandeja de horno. Hornea durante 7 minutos, o hasta que estén fragantes.
- Coloque las almendras, la ralladura, los higos, los dátiles, la canela, la nuez moscada y el clavo en un procesador de alimentos y pulse hasta que se desmenuce. Añada el agave, 1 cucharada cada vez, y vuelva a pulsar hasta que la mezcla se integre fácilmente. Forme bolas de una pulgada y páselas por el azúcar glas. Guárdelo en un recipiente hermético hasta 1 semana.

NOTA DE ALERGIA

Para una variación sin frutos secos, pruebe con semillas de girasol tostadas, semillas de cáñamo o incluso coco en copos en lugar de las almendras.

CÁSCARAS DE NARANJA CONFITADAS

RENDIMIENTO: 3 CUPS

Las cáscaras de naranja confitadas son muy agradables de tener para fines decorativos o para añadir un poco de sabor a un postre, como en mis Florentinas. Esta receta también funciona bien con cáscaras de limón o lima, que añaden una bonita variación de color a la mezcla.

4 naranjas de ombligo

1½ tazas de azúcar

¾ de taza de agua

Una pizca de sal

- Retire la cáscara de las naranjas cortando a través de la cáscara y cortándola en cuartos, sin perforar la fruta. Cortar suavemente la parte superior e inferior de la naranja y luego pelar con cuidado la piel de la naranja, dejando la médula y la fruta. Reserve la médula y la fruta para otro uso (estas naranjas son fantásticas para hacer zumo).
- Coloque una sección de la cáscara plana en un área de corte, con el lado claro hacia arriba. Cortar la cáscara en tiras finas y uniformes, de aproximadamente ¼ de pulgada de ancho.
- Colocar las cáscaras en una cacerola mediana y cubrirlas con 1 pulgada de agua y salarlas muy ligeramente. Hervir durante 20 minutos y escurrir. Colocarlas brevemente en un paño de cocina limpio para que se sequen.
- Escurrir la cacerola y secarla. Colocar las cáscaras escurridas, el azúcar, el agua y la sal en la olla y cocinar a fuego medio. Cocinar hasta que la mezcla alcance los 235°F en un termómetro para caramelos (o la fase de bola blanda si se utiliza el método del agua fría). Extienda una capa uniforme en una bandeja para galletas cubierta con papel encerado o un tapete de silicona. Deje que se endurezca durante 2 horas, y hasta 12 horas antes de transferirlo a un recipiente hermético. Almacenar hasta 1 mes.

JALEAS DE FRUTAS ÁCIDAS

RENDIMIENTO: 30 CARAMELOS

Estos caramelos de gelatina son un poco más suaves que las gominolas tradicionales. En realidad, saben más a bocadillos de fruta hechos para los almuerzos de los niños.

¾ de taza de zumo de uva blanca

⅓ taza de pectina de frutas

½ cucharadita de bicarbonato de sodio

1 taza de azúcar

1 taza de agave

1 ó 2 gotas de colorante alimentario, de cualquier color

¼ de cucharadita de ácido cítrico

⅓ taza de azúcar turbinado

- Forre un molde de 8 × 8 pulgadas con papel de aluminio y rocíe generosamente con spray antiadherente o engrase con margarina.
- En un cazo pequeño, a fuego medio, calentar el zumo de uva, la pectina y el bicarbonato de sodio hasta que hiervan. Una vez hirviendo, reducir el fuego al mínimo, removiendo de vez en cuando.
- En una cacerola de 2 cuartos de galón, bata el azúcar y el agave y cocine a fuego medio, hasta que alcance los 265 °F en un termómetro para caramelos (o la etapa de bola dura si se utiliza el método de agua fría). Asegúrese de remover de vez en cuando mientras se cocina la mezcla y, una vez que el azúcar se disuelva, cepille los lados con una brocha de pastelería húmeda para eliminar los cristales.
- Una vez que la mezcla de azúcar haya alcanzado los 265 °F, añada la mezcla de zumo de uva junto con el tono deseado de colorante alimentario. Se puede separar fácilmente en varios colores vertiendo la mezcla en cuencos separados y coloreando cada uno de un color diferente. Vierta la mezcla en el molde preparado (o en los moldes si va a hacer varios colores) y póngala a enfriar en la nevera durante toda

la noche. Sacar de la nevera y cortar en formas utilizando un cortador de galletas muy pequeño. Mezclar el ácido cítrico y el azúcar turbinado en un bol pequeño y sumergir los caramelos cortados para cubrirlos. Guárdelo en el frigorífico en un recipiente hermético hasta 1 mes.

El ácido cítrico, que añade el sabor agrio, se puede encontrar en la mayoría de los supermercados junto a los productos enlatados. Por supuesto, siempre se puede prescindir del ácido cítrico y mantenerlos azucarados.

Capítulo 8

NATURE'S CANDY: GOLOSINAS SIN AZÚCARES REFINADOS

Este capítulo capta la esencia de lo dulce, sin necesidad de ningún edulcorante refinado. En su lugar, he elaborado una serie de recetas que utilizan frutas y otros edulcorantes sin azúcares refinados, como el sirope de arce, el agave y la stevia, y muchas de ellas utilizan frutas enteras, añadiendo algunos nutrientes clave por si acaso. Estos postres son especialmente buenos para los más pequeños que pueden tener antojo de algo extra dulce, pero no necesitan todo el azúcar extra. Para las recetas que requieren crema de coco batida azucarada, consulte la receta y utilice la variación de stevia.

GALLETAS Y OTROS FAVORITOS FAMILIARES

TARTA DE QUESO CON ANACARDOS SIN HORNEAR

RENDIMIENTO: 10 RACIONES

La corteza de esta tarta de queso, cuando se hace sola, puede empaquetarse en bolas de una pulgada y devorarse. Es una de mis delicias favoritas después de una agotadora caminata o carrera. Para obtener los mejores resultados, deje que la tarta de queso repose en la nevera, tapada, durante 1 día antes de servirla.

CRUST

½ taza de almendras laminadas

5 dátiles Medjool, sin hueso

RELLENO

3½ tazas de anacardos crudos, remojados durante al menos 1 hora

¾ de taza de zumo de limón fresco

⅓ de taza de sirope de arce o agave

⅓ taza de azúcar de coco

1 taza de aceite de coco orgánico sin refinar, licuado (ver barra lateral)

½ taza de agua

1 vaina de vainilla o 2 cucharaditas de extracto de vainilla

½ cucharadita de sal marina

- Engrasar ligeramente un molde desmontable de 6 pulgadas con aceite de coco.
- Triturar las almendras y los dátiles en un procesador de alimentos hasta que queden bien picados y se agrupen fácilmente al apretarlos. Presione la mezcla de forma muy compacta en el fondo del molde desmontable. El fondo de un vaso plano funciona perfectamente para esto.
- Poner todos los ingredientes del relleno en un procesador de

alimentos y batir hasta que esté suave, durante unos 7 minutos, raspando los lados cuando sea necesario.

- Vierta el relleno sobre la corteza y extiéndalo con una espátula de silicona hasta que quede uniforme. Golpee un par de veces sobre una superficie plana para eliminar cualquier burbuja de aire que pueda haber. Cubra la parte superior del molde con papel de aluminio y congele toda la noche. Una vez congelado, páselo al frigorífico. La tarta de queso estará lista para servir después de 1 o 2 horas. Guárdela en un recipiente hermético en el congelador hasta 1 mes, o refrigérela hasta 3 días.

PARA DERRETIR EL ACEITE DE COCO

Mide 1 taza de aceite de coco sólido en un vaso alto y colócalo en un recipiente poco profundo con agua caliente. Cuando se ablande, remuévelo. Reemplace el agua en el recipiente poco profundo con agua caliente fresca y repita hasta que todo se derrita, o unas 4 veces para que el aceite de coco alcance un estado totalmente líquido.

TARTAS DE CREMA DE COCO

RENDIMIENTO: 6 TARTAS

Estas golosinas crudas se pueden hacer en mini moldes para magdalenas del tamaño de un bocado o en moldes de tamaño estándar para tartas más grandes. Cuando hago tartas crudas, prefiero usar moldes de silicona, ya que es mucho más fácil soltar las golosinas sin que se rompan.

1 taza de harina de almendra

4 dátiles Medjool

3 cucharadas de aceite de coco sin refinar

½ cucharadita de sal

½ cucharadita de extracto de coco

¾ de taza de crema de anacardos dulce

⅓ taza de coco en copos sin azúcar

- Colocar la harina de almendras, los dátiles, el aceite de coco y la sal en un procesador de alimentos y pulsar hasta que la mezcla se una fácilmente al apretarla. Presione firmemente en seis tazas de un molde para magdalenas de tamaño estándar, dándole forma de corteza con el dorso de una cuchara redondeada o utilizando un bol muy pequeño.
- En un bol mediano, bata el extracto de coco y la crema de anacardos hasta que quede esponjoso. Colóquelo en los moldes preparados y cúbralo con copos de coco. Congele durante 2 horas y luego páselo al refrigerador. Sírvalo frío. Guárdelo en un recipiente hermético en la nevera hasta 1 semana.

MAGDALENAS DE CALABAZA

RENDIMIENTO: 12 PANECILLOS

Estos tiernos bocados están salpicados de semillas de calabaza crudas, llamadas pepitas, para añadir un color y una textura deliciosos a las magdalenas.

1¼ tazas de harina de arroz integral

½ taza de fécula de patata

¼ de taza de harina de tapioca

1 cucharadita de goma xantana

¼ de cucharadita de bicarbonato de sodio

1 cucharadita de polvo de hornear

1 cucharadita de sal

1 cucharadita de canela

1 taza de azúcar de palma de coco

¼ de taza de aceite de oliva o de coco

1 taza de puré de calabaza

⅓ taza + 2 cucharadas de leche no láctea

2 cucharadas de vinagre de sidra de manzana

½ taza de pepitas

- Precaliente el horno a 400°F y forre un molde para muffins con doce forros, rocíe ligeramente con spray antiadherente o simplemente engrase un molde para muffins de tamaño estándar.

- En un bol grande, bata la harina de arroz integral, la fécula de patata, la harina de tapioca, la goma xantana, el bicarbonato, la levadura en polvo, la sal, la canela y el azúcar de palma de coco. Incorporar el aceite, el puré de calabaza, la leche no láctea y el vinagre de sidra de manzana y mezclar hasta que quede una mezcla homogénea. Incorporar las pepitas. Divida la masa uniformemente entre las doce tazas y hornee durante unos 20 minutos, o hasta que un cuchillo insertado en el centro salga limpio. Guardar en un recipiente hermético hasta 3 días.

MAGDALENAS DE PLÁTANO Y NUECES

RENDIMIENTO: 12 PANECILLOS

Estos muffins son demasiado deliciosos con el sabor cálido del plátano y las nueces. Asegúrate de engrasar los forros de los muffins, o utiliza moldes de silicona para muffins; como estos muffins contienen muy poco aceite, pueden tener tendencia a pegarse.

¾ de taza de harina de arroz integral

½ taza de fécula de patata

¼ de taza de harina de tapioca

1 cucharadita de goma xantana

1½ cucharaditas de polvo de hornear

¼ de cucharadita de bicarbonato de sodio

¼ de cucharadita de sal

1 cucharadita de extracto de vainilla

3 plátanos triturados, aproximadamente 1⅓ tazas

⅓ taza + 1 cucharada de jarabe de arce

2 cucharadas de aceite de oliva

2 cucharadas de vinagre

½ taza de nueces picadas

- Precaliente el horno a 350°F. Usando margarina o aceite de coco, engrasa doce moldes para muffins de tamaño estándar, o rocía doce forros con spray antiadherente.
- En un bol mediano, bata la harina de arroz integral, la fécula de patata, la harina de tapioca, la goma xantana, la levadura en polvo, el bicarbonato y la sal. Haga un hueco en el centro e incorpore el extracto de vainilla, los plátanos, el sirope de arce, el aceite de oliva y el vinagre. Remueva la mezcla hasta que esté bien combinada y luego incorpore las nueces.
- Divida la masa uniformemente entre los moldes para muffins y

hornee durante 30 minutos, hasta que se doren los bordes. Deje enfriar completamente antes de servir. Guardar en un recipiente hermético hasta 3 días.

Estas magdalenas se adaptan excepcionalmente bien a unos cuantos nibs de cacao añadidos a la masa antes de hornearlas.

BOLLOS DE LIMÓN CON SEMILLAS DE AMAPOLA

RENDIMIENTO: 12 BOLLOS

Los bollos siempre me han intrigado por su comportamiento no tan bizcochable ni tan pastelero. No me apetece mucho desayunar con ellos, pero siempre me parecen perfectos para un tentempié de mediodía.

⅓ taza de harina de almendras

⅓ taza de harina de maíz

1 taza de harina de mijo

½ taza de harina de arroz integral

½ taza de harina de tapioca

1 cucharadita de goma xantana

2 cucharaditas de polvo de hornear

1 cucharadita de bicarbonato de sodio

½ cucharadita de sal

½ taza de manteca vegetal no hidrogenada

½ taza de jarabe de arce

1 cucharada de harina de linaza

2 cucharadas de agua

½ taza de zumo de limón

2 cucharadas de semillas de amapola

1 cucharada de ralladura de limón

- Precalentar el horno a 375°F. Mezclar la harina de almendras, la harina de maíz, la harina de mijo, la harina de arroz integral y la harina de tapioca en un bol grande. Añade la goma xantana, la levadura en polvo, el bicarbonato y la sal.

• Cortar la manteca con las manos, hasta que se formen migajas del mismo tamaño. Añada el jarabe de arce. En un tazón pequeño, combine la harina de linaza y el agua y deje reposar hasta que se espese, durante unos 5 minutos.

• Con un tenedor, mezcle la harina de linaza preparada con el resto de los ingredientes hasta que la mezcla se desmenuce uniformemente.

• Siguiendo con un tenedor, mezclar el zumo de limón, las semillas de amapola y la ralladura de limón. Una vez que la masa esté bien mezclada, pásela a una superficie ligeramente enharinada (se recomienda la harina de mijo) y dóblela suavemente unas tres veces. Estire la masa con un rodillo de unos ¾ de pulgada de grosor y córtela en cuadrados con un cuchillo afilado. También puede utilizar un cortador de galletas para hacer círculos. Colóquelos en una bandeja para galletas sin engrasar.

• Hornear durante unos 13 minutos o hasta que se dore por encima. Guardar en un recipiente hermético hasta 1 semana.

CUADRADOS DE PAN DE JENGIBRE

RENDIMIENTO: 8 RACIONES

Endulzado con plátano, melaza negra y agave, este saludable pan de jengibre es tan rico y picante como la versión tradicional.

1 plátano maduro, triturado

2 cucharadas de melaza negra (o normal)

1 cucharadita de jengibre fresco rallado

1 cucharadita de canela

¼ de cucharadita de clavo de olor

¼ de cucharadita de sal

2 cucharadas de agave o jarabe de arce

2 cucharadas de semillas de chía molidas

1 taza de harina de almendra

⅓ taza de harina de teff

• En un tazón grande, mezcle el plátano, la melaza, el jengibre, la canela, el clavo, la sal y el agave hasta que esté suave. Incorporar las semillas de chía, la harina de almendras y la harina de teff. Engrasar ligeramente un molde para pan de 4 × 8 pulgadas y extender la mezcla en el molde. Hornea durante 30 minutos. Deje que se enfríe por completo y luego córtelo en cuadrados. Guardar en un recipiente hermético hasta 1 semana.

GALLETAS DULCES DE MAÍZ

RENDIMIENTO: 12 GALLETAS

El maíz añade un toque dulce así como un bonito color a estas galletas, que pueden hacerse con sirope de arce o agave. La harina de masa se puede encontrar en los supermercados mexicanos o en la mayoría de las tiendas de comestibles junto con los ingredientes mexicanos.

2 cucharadas de harina de linaza

4 cucharadas de agua

¾ de taza de harina de maíz amarilla fina

½ taza de jarabe de arce o agave

½ cucharadita de sal

½ taza de harina de maíz

¼ de taza de harina de arroz blanco

¼ de taza de harina de tapioca

1 cucharada de aceite de oliva

- Precaliente el horno a 350°F. Forrar una bandeja para galletas con pergamino o un tapete de silicona. En un tazón pequeño, mezcle la harina de linaza con el agua y déjela reposar hasta que se gelifique, durante unos 5 minutos. Mezclar todos los ingredientes en un bol mediano en el orden indicado, raspando bien las paredes del bol mientras se mezclan.
- Colocar una cucharada en la bandeja de galletas preparada y aplanar ligeramente con el dorso de un tenedor. Hornee de 12 a 15 minutos.
- Dejar enfriar completamente antes de servir . Conservar en un recipiente hermético en la nevera hasta 1 semana.

GALLETAS DE PASTEL DE NUECES CUBIERTAS DE CHOCOLATE

RENDIMIENTO: 20 GALLETAS

Con semillas de chía y nueces, estas deliciosas galletas tienen un sabor pecaminoso pero están hechas con ingredientes sorprendentemente sanos. Para una versión un poco más cómoda (y casi sin azúcares refinados), utiliza chips de chocolate no lácteos para mojar el fondo de las galletas en lugar de chocolate crudo.

2 cucharaditas de semillas de chía molidas

2 cucharadas de agua

1½ tazas de nueces crudas

1 taza de anacardos crudos

¼ de taza de harina de coco

½ cucharadita de sal 6 dátiles

¾ de taza de chocolate crudo derretido

- Precaliente el horno a 325°F. En un tazón pequeño, mezcle la semilla de chía y el agua y deje reposar hasta que se gelifique, durante unos 5 minutos.
- Coloque las pacanas, los anacardos, la harina de coco y la sal en un procesador de alimentos y mezcle hasta que se desmenuce, durante aproximadamente 1 minuto. No mezcle demasiado. Una vez

desmenuzado, añadir los dátiles, de dos en dos, hasta que la mezcla se agrupe fácilmente. Procese sólo hasta que los dátiles estén bien mezclados. Formar discos de 1½ pulgadas de ancho por ½ pulgada de grosor y colóquelas en una bandeja para galletas sin engrasar. Hornee durante 15 minutos.

• Dejar enfriar y luego sumergir la parte inferior de las galletas en el chocolate crudo, colocándolas de nuevo en un tapete de silicona o en una bandeja para hornear cubierta con papel encerado. Enfriar durante unos 20 minutos en el frigorífico hasta que el chocolate se haya endurecido. Guárdelo en un recipiente hermético hasta 1 semana.

GALLETAS DE ALBARICOQUE

RENDIMIENTO: 18 GALLETAS

Estas galletas doradas, masticables y ligeramente dulces son tan fáciles de preparar como de comer. Repletas de vitaminas A y C por los albaricoques y de proteínas y hierro por las nueces y el coco, estas galletas son como barritas energéticas del tamaño de un bocadillo.

3 tazas de albaricoques secos

1 taza de trozos de nuez

2 tazas de coco rallado sin azúcar, más aproximadamente ⅓ de taza para enrollar

¼ de taza de agave

- Combinar todos los ingredientes (reservar ⅓ taza de coco) en un procesador de alimentos y procesar hasta que esté muy bien picado.
- Con las manos limpias, hacer bolas del tamaño de una nuez con la mezcla y luego con el coco sobrante. Aplastar en rondas de galletas utilizando el fondo de un vaso o taza de medir, y luego suavemente la forma con las manos para crear hamburguesas uniformes.
- Conservar en un recipiente hermético hasta 1 semana.

AMARETTI DE CANELA

RENDIMIENTO: 36 GALLETAS

Los amaretti son las clásicas galletitas italianas pequeñas, crujientes por fuera y un poco más masticables por dentro, y una de mis galletas favoritas. No echará de menos el azúcar refinado en esta versión. Para obtener la mejor textura, forme las galletas en pequeños montículos, de unos 2,5 cm de diámetro, para obtener la proporción perfecta entre el centro masticable y el exterior crujiente.

3 cucharadas de harina de linaza

6 cucharadas de agua

3 tazas de harina de almendra

1½ cucharaditas de canela

1¼ tazas de azúcar de palma de coco

¾ de cucharadita de sal

Almendras fileteadas, para decorar

- Precaliente el horno a 300°F. Forrar una bandeja para hornear grande con papel pergamino.
- En un bol pequeño, combinar la harina de linaza con el agua y dejar reposar durante 5 minutos, hasta que se gelifique. Pasar a un bol grande y añadir la harina de almendras, la canela, el azúcar de palma y la sal. Siga removiendo hasta que la mezcla se convierta en una masa dura; puede parecer que no se está uniendo, ¡pero siga removiendo! Esto también se hace sin esfuerzo con una batidora eléctrica.
- Cuando la masa se endurezca, pellizcar secciones de 1 pulgada y formar rondas. Colóquelas en la bandeja para galletas con una separación de unos 2,5 cm entre sí y coloque encima una almendra fileteada. Hornee durante 30 minutos. Deje que se enfríe por completo. Guárdelo en un recipiente hermético hasta 1 semana.

MACARRONES BESADOS CON CÍTRICOS

RENDIMIENTO: 18 GALLETAS

Con un ligero toque de limón, estos macarrones sólo llevan un puñado de ingredientes y no necesitan ser horneados. Son un buen tentempié para después del entrenamiento o para cuando surgen los antojos del mediodía.

12 dátiles Medjool, sin hueso

1 cucharada de zumo de limón

2 cucharadas de agua

4 tazas de coco rallado sin azúcar, dividido

- Combinar los dátiles Medjool, el zumo de limón y el agua en un procesador de alimentos y batir hasta que esté muy suave, raspando los lados cuando sea necesario. Añade 1 taza de coco rallado y bate hasta que esté bien combinado.
- Pasar a un bol grande y, a mano, incorporar las 3 tazas de coco adicionales hasta conseguir una mezcla homogénea. Formar la mezcla en forma de galletas y colocarlas en una bandeja para galletas. Refrigere brevemente para que cuaje.
- Almacenar en un recipiente hermético hasta 2 semanas.

PUDÍN DE CHOCOLATE Y MANTEQUILLA DE CACAHUETE

RENDIMIENTO: 2 RACIONES

Este postre es tan fácil de hacer como un pastel (o un pudín) y, además, es sano, sustancioso y delicioso. Ajusta los niveles de azúcar a tus preferencias, procurando que sean bajos.

3 cucharadas de semillas de chía enteras, blancas o negras

½ taza de agua

2 cucharadas de leche no láctea (recomiendo la de almendras o la de coco)

1 cucharada de cacao en polvo

3 cucharadas de mantequilla de cacahuete cremosa

1½ cucharadas de sirope de dátiles de coco o de arce

• Ponga todos los ingredientes en un bol pequeño o mediano y remuévalos enérgicamente con un tenedor hasta que queden homogéneos. Pasar a los platos de servicio deseados y enfriar en el frigorífico hasta que esté gelificado, durante unos 30 minutos. Lo mejor es servirlo frío con una porción de crema de coco batida. Se conserva hasta 1 día si se guarda en un recipiente hermético en la nevera.

PUDÍN DE CHOCO-CADO

RENDIMIENTO: 4 RACIONES

Aquí hay otro ingrediente sorpresa del mundo vegetal: el aguacate es la superestrella aquí, haciendo una base cremosa para este pudín de chocolate increíblemente rico.

2 aguacates maduros, sin hueso y pelados

¼ de taza de jarabe de dátiles o agave

3 cucharadas de azúcar de coco

¼ de taza de cacao en polvo

½ cucharadita de café expreso en polvo

¼ de cucharadita de sal

- Mezclar todos los ingredientes en un procesador de alimentos hasta que quede esponjoso. Servir con crema de coco batida. Guárdalo en un recipiente hermético en la nevera hasta 3 días.

DULCES DE ESTILO CLÁSICO

CHOCOLATE CRUDO

RENDIMIENTO: 12 CARAMELOS

Este chocolate puede moldearse con un molde de chocolate o rociarse sobre los postres para obtener una cobertura de chocolate. Siéntase libre de controlar el dulzor a su gusto sin afectar demasiado a la textura final.

½ taza de mantequilla de cacao derretida

⅓ taza + 2 cucharadas de cacao en polvo

⅓ de taza de agave o jarabe de arce Pizca de sal

- Bata todos los ingredientes en un bol mediano. Verter la mezcla en los moldes y golpear sobre una superficie plana y sólida para eliminar las burbujas de aire. Enfriar en el frigorífico hasta que esté sólido. Para utilizarla como cobertura, simplemente derrita todos los ingredientes y bata bien para combinarlos. Guardar en un recipiente hermético en el frigorífico hasta 1 semana.

CARAMELO DE COCO

RENDIMIENTO: 24 PIEZAS

Esta golosina sutilmente dulce es una nuez sobre el coco, ya que está hecha enteramente de coco, salvo el extracto de vainilla y la sal. Para cortarlo fácilmente, deje que el caramelo sólido se descongele a temperatura ambiente durante unos 20 minutos antes de cortarlo y volver a meterlo en el frigorífico.

12 onzas (aproximadamente 2½ tazas) de coco rallado sin azúcar

½ taza de aceite de coco ablandado, sin refinar

1 cucharadita de extracto de vainilla

½ taza de azúcar de palma de coco

⅛ cucharadita de sal

- En una licuadora o procesador de alimentos, mezcle el coco hasta que esté suave como la mantequilla de maní. Esto puede llevar de 3 a 10 minutos, dependiendo de su aparato, la sequedad del coco y la temperatura, entre otros factores. Sólo hay que batir hasta que esté suave y, si no lo está, añadir una o dos cucharaditas de aceite de coco para que avance.
- Una vez que el coco rallado se haya mezclado, añada el resto de los ingredientes y bata hasta que esté suave. Vierta la mezcla en un plato cuadrado de 8 × 8 pulgadas, cubra sin apretar con papel de plástico y congele durante 30 minutos. Cortar en cuadraditos y guardar en la nevera hasta 2 semanas.

BOMBONES DE ALMENDRA

RENDIMIENTO: 24 CARAMELOS

Son una delicia para picar cuando te entra un antojo de chocolate. Haz una tanda y guárdala en el congelador: ¡puedes coger una cada vez que necesites un poco de ánimo!

RELLENO

1 taza de harina de almendra

2 cucharadas de aceite de coco, ablandado

2 cucharadas de agave, arroz integral o jarabe de arce

3 cucharadas de mantequilla de cacao derretida

⅛ cucharadita de sal

RECUBRIMIENTO

1 receta de chocolate crudo fundido

- En un bol mediano, combine todos los ingredientes del relleno y déjelos reposar durante unos 10 minutos. Forme bolas o colóquelas en moldes de chocolate de silicona y, a continuación, enfríelas durante unos 30 minutos en el frigorífico, o durante 10 minutos en el congelador, hasta que estén sólidas.
- Una vez que el relleno esté frío, sumerja las bolas en la cobertura de chocolate hasta cubrirlas por completo y, a continuación, coloque las trufas recubiertas en un tapete de silicona o en una superficie cubierta de pergamino para que se endurezcan. Sumerja una vez más en la cobertura de chocolate y luego deje que el chocolate se endurezca completamente en el frigorífico, durante aproximadamente 1 hora. Guárdelas en un recipiente hermético en el frigorífico hasta 1 mes, o en bolsas de congelación, bien cerradas, hasta 3 meses.

BOMBONES DE PASAS

RENDIMIENTO: UNOS 20 BOMBONES

Tienen un sabor tan parecido al de los caramelos populares que no te parecerá que estás comiendo algo tan bueno para ti.

1½ tazas de pasas

1 taza de nueces

¼ de taza de cacao en polvo

- En un procesador de alimentos, combine todos los ingredientes y mezcle hasta que estén finamente molidos y agrupados, durante aproximadamente 1 minuto. Forme bolas del tamaño de un bocado y colóquelas en el frigorífico para que se enfríen durante unos 30 minutos antes de disfrutarlas. Guárdelo en un recipiente hermético en el frigorífico durante un máximo de 2 semanas.

BOCADOS DE BROWNIE NUTRITIVOS

RENDIMIENTO: 12 RACIONES

En términos de brownies, esta versión es mucho más saludable que el típico cuadrado de chocolate, pero no se pierde nada de sabor. No te sentirás mal por repetirlos, ya que están repletos de cosas saludables como los dátiles, que contienen fibra; los anacardos, que tienen un alto contenido en magnesio; y el cacao, que tiene un alto contenido en hierro.

10 dátiles Medjool, enfriados en la nevera

2 tazas de anacardos enteros, sin tostar

2 cucharadas de cacao en polvo

½ cucharadita de sal

2 cucharaditas de extracto de vainilla

- Retire los huesos de los dátiles y colóquelos en un procesador de alimentos junto con los anacardos, el cacao en polvo y la sal. Pulse varias veces para combinar y luego mezcle hasta que se desmenuce, durante unos 2 minutos. Una vez que la mezcla se haya desmenuzado de manera uniforme, con la consistencia de un azúcar grueso, añada el extracto de vainilla y continúe batiendo hasta que la mezcla se vuelva grumosa.

- Dependiendo del tamaño y del contenido de humedad de los dátiles, es posible que tenga que añadir un poco más de líquido, como agua o más extracto de vainilla, o procesar durante menos tiempo para conseguir la consistencia adecuada. Al final, la masa debe pegarse fácilmente cuando se hace una bola. Si está demasiado seca, añada un poco más de líquido (½ cucharadita más o menos) y si está demasiado húmeda, añada una cucharada más de cacao en polvo para secarla.

• Coloque la masa en el centro de un papel de pergamino y cúbrala con otra hoja. Extienda la masa con cuidado para aplanarla de forma uniforme y córtela en cuadrados. Enfríe en el frigorífico durante al menos 20 minutos antes de servir. Guárdelo en un recipiente hermético en el frigorífico hasta 2 semanas.

BOCADOS DE MASA DE GALLETA

RENDIMIENTO: 16 RACIONES

Estos pequeños bocados tienen el mismo sabor que la masa de galleta cruda, y son un estímulo perfecto para después de la cena, o para un poco de combustible rápido en la carrera.

1½ tazas de anacardos crudos

9 dátiles Medjool blandos

2 cucharaditas de extracto de vainilla

⅓ taza de harina de almendra

Una pizca de sal

2 cucharadas de nibs de cacao

• En un procesador de alimentos, pulse los anacardos y los dátiles hasta que se desmenucen. Añadir el extracto de vainilla, la harina de almendras, la sal y los nibs de cacao y pulsar hasta que la masa esté bien molida y se pueda unir fácilmente al pellizcarla con los dedos. Formar pequeñas bolas de unos 2,5 cm de diámetro. Guardar en un recipiente hermético hasta 2 semanas.

BOCADOS DE CHOCOLATE CON CACAHUETES

RENDIMIENTO: 20 CARAMELOS

Al igual que los otros bocados y barritas energéticas que se ofrecen aquí, estos trocitos son potentes en sabor.

½ taza de mantequilla de cacao

⅓ taza + 2 cucharadas de cacao en polvo

⅓ taza de jarabe de arce

3 cucharadas de mantequilla de cacahuete cremosa

Pizca de sal

- En una caldera doble, derretir la mantequilla de cacao hasta que esté líquida. Bate el resto de los ingredientes y vierte en moldes de chocolate o en moldes de papel colocados en un molde para magdalenas. Colocar en el congelador y enfriar durante 1 hora. Saque los moldes y colóquelos en una fuente plana. Manténgalo refrigerado para obtener chocolates más firmes, o guárdelo en un recipiente hermético en un lugar fresco hasta 2 semanas.

BARRAS DE CHOCOLATE NANAIMO

RENDIMIENTO: 16 RACIONES

Las barritas Nanaimo, que llevan el nombre de la ciudad de la Columbia Británica, son un postre popular sin hornear que suele hacerse con MUCHA mantequilla y azúcar. Si no te preocupa que sean totalmente libres de azúcar, también puedes utilizar tus chispas/botones de chocolate no lácteos favoritos en lugar del chocolate crudo.

CRUST

1 taza de almendras crudas enteras

10 fechas

1 cucharada de cacao en polvo

RELLENO

2 tazas de anacardos, remojados 2 horas

1½ cucharaditas de extracto de vainilla

⅔ taza de aceite de coco, derretido

1 cucharadita de stevia en polvo

3 dátiles Medjool o ¼ de taza de jarabe de dátiles

2 cucharadas de crema de coco (de la parte superior de una lata de leche de coco refrigerada)

TOPPING

1¼ tazas de chocolate crudo derretido

- Para hacer la corteza, en un procesador de alimentos, pulse las almendras, cinco de los dátiles y el cacao en polvo hasta que se desmenuce. Añada los cinco dátiles restantes y vuelva a pulsar hasta que se hayan picado de manera uniforme. Presione la mezcla con firmeza en un molde para hornear de 8 × 8 pulgadas.
- Prepare el relleno en un procesador de alimentos combinando los anacardos, la vainilla, el aceite de coco, la stevia, los dátiles y la crema

de coco hasta que esté muy suave, durante unos 5 minutos, raspando los lados cuando sea necesario. Extienda el relleno uniformemente sobre la corteza utilizando una espátula plana de silicona. Congelar durante 1 hora y luego cortar en cuadrados.

- Cubrir con chocolate derretido y volver a meter en el congelador. Enfríe en el congelador durante toda la noche, o al menos durante 6 horas. Guárdelo en el frigorífico en un recipiente hermético hasta 2 semanas.

BARRITAS Y GRANOLA

GRANOLA DE CHOCOLATE

RENDIMIENTO: 3 CUPS

Esta versátil granola es perfecta para todo tipo de delicias: Úsala para hacer parfaits o para cubrir tu yogur o helado no lácteo favorito. Es ideal en un bol como cereal de desayuno en casa, o como una adición chocolatada a su mezcla de frutos secos cuando está en movimiento.

2 tazas de avena certificada sin gluten

⅓ taza de harina de almendra

3 cucharadas de semillas de chía enteras

¼ de cucharadita de sal

⅓ taza de cacao en polvo

1 cucharada de aceite de coco

1 cucharadita de extracto de vainilla

⅓ de taza de agave o jarabe de arce

• Precalentar el horno a 300°F. En un bol mediano, bate la avena, la harina de almendras, las semillas de chía, la sal y el cacao en polvo. En un cuenco más pequeño, bata el aceite de coco, el extracto de vainilla y el sirope de arce hasta que quede muy suave. Con las manos limpias o un tenedor grande, combinar todos los ingredientes hasta que estén bien mezclados. Extienda la mezcla en un molde forrado con pergamino y hornee durante 40 minutos. Romper en trozos del tamaño de un bocado y dejar enfriar completamente. Guárdelo en un recipiente hermético hasta 3 semanas.

BARRAS DE GRANOLA DULCES, SALADAS Y SUAVES

RENDIMIENTO: 12 BARRAS

Con su sabor salado y dulce, y su textura suave y masticable, este aperitivo puede satisfacer varios antojos a la vez. Guárdelo en un recipiente hermético en el frigorífico para obtener una mejor textura.

2½ tazas de avena certificada sin gluten

½ taza de harina de almendra

1 cucharadita de sal

2 cucharadas de jarabe de arce

⅓ taza de agave

¼ de taza + 2 cucharadas de aceite de coco ablandado

¼ de taza de azúcar de dátiles o de palma de coco

1 cucharadita de extracto de vainilla

½ taza de almendras laminadas

1 cucharada de semillas de chía molidas

3 cucharadas de agua

- Precaliente el horno a 350°F. Engrasa ligeramente un molde de 8 × 8 pulgadas.
- Extender la avena en una capa uniforme sobre una bandeja de horno grande y tostarla ligeramente durante 7 minutos. Retirar la avena del horno y colocarla en un bol grande. Con las manos, desmenuza la harina de almendras, la sal, el sirope de arce, el agave, el aceite de coco, el azúcar de dátiles, el extracto de vainilla y las almendras fileteadas.
- Mezclar las semillas de chía y el agua y dejar reposar durante 5 minutos, hasta que se gelifiquen. Mézclelo con el resto de los ingredientes y, a continuación, con las manos ligeramente engrasadas con aceite de coco, presione la mezcla con fuerza y firmeza en el molde. Cubrir ligeramente con papel de plástico y refrigerar durante 2 horas. Cortar suavemente en barras y guardarlas refrigeradas en un recipiente hermético hasta 2 semanas.

BARRAS DE POTENCIA

RENDIMIENTO: 10 BARRAS

Con bayas de goji, semillas de cáñamo, semillas de chía y avena, estas barritas repletas de proteínas están llenas de todo tipo de ingredientes nutritivos que te mantendrán con fuerza durante todo el día.

1 taza de nueces

½ taza de anacardos crudos

9 fechas

¼ de cucharadita de sal

1 cucharada de aceite de coco

½ taza de avena certificada sin gluten

½ taza de bayas de goji

¼ de taza de semillas de cáñamo

¼ de taza de semillas de chía

- Forrar un molde para hornear de 8 × 8 pulgadas con papel plástico o aceitarlo ligeramente con aceite de coco.

- Poner las nueces, los anacardos y cinco de los dátiles en un procesador de alimentos y batir hasta que se desmenucen uniformemente. Añadir la sal y los dátiles restantes y pulsar hasta que estén bien combinados y los dátiles estén uniformemente picados. Pasar la mezcla a un cuenco grande y añadir el aceite de coco para cubrirla uniformemente. Incorporar la avena, las bayas de goji, las semillas de cáñamo y las semillas de chía. Presionar la mezcla firmemente en el molde preparado y refrigerar durante 2 horas. Cortar en barritas y guardar en un recipiente hermético en la nevera hasta 2 semanas.

BARRAS DE TARTA DE CEREZA

RENDIMIENTO: 8 RACIONES

El sabor es igual que el de la tarta de cerezas, pero estas pequeñas barritas son realmente muy buenas para ti. Recomiendo buscar las cerezas secas de mayor calidad (orgánicas, sin sulfuro y sin azúcar añadido) para obtener el sabor más auténtico de la tarta de cerezas.

2 tazas de anacardos crudos

1 taza de cerezas secas (sin endulzar)

½ cucharadita de sal

10 dátiles Medjool

- En un procesador de alimentos, combinar los anacardos, las cerezas y la sal y batir hasta que estén desmenuzados. Añada los dátiles y bata hasta que estén bien desmenuzados y la mezcla se una fácilmente y se mantenga unida al apretarla.
- Formar la mezcla en barras individuales dando forma de disco apretado, o cuadrado, y luego cortando suavemente con un cuchillo. Envuélvalas individualmente en papel de plástico o de aluminio. También se pueden formar bolas para comerlas a bocados. Guárdelo en un recipiente hermético en el frigorífico durante un máximo de 2 semanas.

BARRITAS DE CHOCOLATE Y ALMENDRAS CON CEREZA

RENDIMIENTO: 12 RACIONES

Al igual que una barra de granola crujiente, estas barritas de chocolate son un gran estímulo cuando la energía está baja. Asegúrese de utilizar sólo kasha (trigo sarraceno tostado) de color marrón, en lugar de verdoso. La kasha suele encontrarse junto a los granos de trigo sarraceno sin tostar, a menudo en las secciones de productos a granel o naturales.

1½ tazas de kasha (granos de trigo sarraceno tostados), remojados durante 2 horas

⅓ taza + 2 cucharadas de cacao en polvo

2 cucharadas de semillas de chía

½ taza de jarabe de arce

3 cucharadas de azúcar de dátiles

⅔ taza de harina de almendra

½ cucharadita de sal

½ taza de cerezas secas (sin endulzar)

¼ de cucharadita de aceite de coco o de oliva

- Precalentar el horno a 300°F. Forrar una bandeja de horno con papel pergamino.
- Escurrir completamente la kasha remojada. En un bol grande, combinar todos los ingredientes excepto el aceite. Utilizar el ¼ de cucharadita de aceite de coco para engrasar las manos limpias y dar palmaditas suaves para formar un rectángulo de aproximadamente ¼ a ½ pulgada de grosor. Hornee durante 30 minutos. Retirar del horno, cortar suavemente en cuadrados con una espátula (pero sin separar) y seguir horneando durante 20 minutos más. Deje que se enfríe por completo y luego divídalo en barras individuales. Guardar en un recipiente hermético hasta 1 semana.

Si no puede encontrar kasha tostado, siempre puede tostar el suyo a 300°F durante 45 minutos, removiendo a menudo hasta que se dore.

TRUCOS DE FRUTAS

HELADO DE MANTEQUILLA DE CACAHUETE Y PLÁTANO

RENDIMIENTO: 2 CUPS

Esta receta no puede ser más fácil con sólo cuatro ingredientes, ¡y es buena para ti! Come.

5 plátanos muy maduros, pelados

½ taza de mantequilla de cacahuete salada suave

½ cucharadita de extracto de vainilla

1 taza de leche de coco entera en lata

- Ponga todos los ingredientes en una batidora y bátalos hasta que estén muy suaves, durante aproximadamente 1 minuto. Vierta la mezcla en el bol de su heladera y procésela según las instrucciones del fabricante. O, como alternativa, congele todos los ingredientes en un bol durante 3 horas y, a continuación, procéselos inmediatamente en un procesador de alimentos hasta que queden homogéneos. Guárdelo en un recipiente hermético en el congelador hasta 1 mes.

FRUTAS FRESCAS EN FORMA DE HELADO

RENDIMIENTO: APROXIMADAMENTE 5

Estos magníficos pops harán que te entusiasme comer fruta y mantenerte fresco al mismo tiempo. Me gusta la combinación de las frutas que aparecen a continuación, pero, junto con las uvas, puedes añadir cualquier fruta picada que te apetezca. Necesitarás moldes de polos para estos, o puedes verterlos en bandejas de silicona para cubitos de hielo o incluso en pequeños vasos de papel.

1 taza de uvas, rojas o verdes

1 kiwi, pelado y cortado en dados

⅓ taza de frambuesas rojas picadas

⅓ taza de arándanos

- Ponga las uvas en una batidora y hágalas puré hasta que estén suaves. Páselo a un bol y añada la fruta cortada en dados. Vierte la mezcla en moldes para paletas y añade palos de madera en el centro. Congele toda la noche y luego disfrute. Guárdelo en el congelador hasta 1 mes.

SALSA DE FRUTAS Y PATATAS FRITAS CON CANELA

RENDIMIENTO: 6 RACIONES

Un giro divertido en un viejo favorito, sirva estas "patatas fritas y salsa" en su próxima reunión para una sorpresa dulce y saludable.

CHIPS DE CANELA

4 tortillas de maíz blanco

1 cucharada de aceite de oliva

1 cucharada de agave

¼ de cucharadita de sal

¼ de cucharadita de canela, o al gusto

SALSA DE FRUTAS

1 taza de bayas (frambuesa + mora funciona muy bien)

1 taza de fresas, sin las hojas

½ taza de uvas sin semillas, de cualquier variedad

Zumo de 1 lima

1 manzana, cortada en dados y sin semillas

1 kiwi, pelado y cortado en dados

- Precaliente el horno a 400°F. Apilar las tortillas de maíz y cortarlas en seis triángulos iguales. Extiende los triángulos en una capa uniforme sobre una bandeja de horno sin engrasar, de manera que ninguno de ellos se toque.
- En un bol pequeño, bate el aceite de oliva, el agave y la sal. Unte ligeramente cada lado del triángulo de tortilla (quedará un poco pegajoso) y espolvoree un lado de los triángulos con canela. Hornea durante 7 minutos, dale la vuelta y hornea durante 2 minutos más. Deja enfriar mientras preparas la salsa.
- En un procesador de alimentos, combinar las bayas, las fresas, las uvas y el zumo de lima y pulsar hasta que la fruta esté picada, pero no hecha puré, durante unas cinco o seis veces. Combínelo con las manzanas y el kiwi cortados en dados y sírvalo con patatas fritas de canela. Guárdelo en un recipiente hermético en el frigorífico hasta 1 semana.

MERMELADA DE FRAMBUESA Y CHÍA

RENDIMIENTO: 1½ CUPS

Las semillas de chía toman el timón y añaden un espesor increíble a esta mermelada, ¡sin necesidad de pectina! Utilízala como lo harías con tu mermelada favorita, y siéntete bien por todos los nutrientes extra (como el calcio y los omega-3) que estás disfrutando mientras lo haces. Si la frambuesa no es su favorita, prácticamente cualquier baya funcionará bien con este método. Pruebe con arándanos, moras o una mezcla.

1½ tazas de frambuesas rojas

2 ó 3 cucharadas de agave, o al gusto

1 cucharada de semillas de chía

- Poner las frambuesas y el agave en un cazo pequeño y cocinar a fuego medio-bajo hasta que esté líquido. Incorpore las semillas de chía y siga cocinando un minuto más, hasta que espese. Transfiera a un recipiente con cierre y deje que se enfríe a temperatura ambiente antes de transferirlo a la nevera. Guárdelo en un recipiente hermético en el frigorífico durante un máximo de 2 semanas.

ENSALADA DE FRUTAS Y AGUACATE

RENDIMIENTO: 6 RACIONES

¿Sabías que el aguacate es en realidad una fruta? Debe ser por eso que combina tan bien con los plátanos, las fresas y la piña. Pruébalo en esta cremosa ensalada de frutas y comprueba si estás de acuerdo en que estos cuatro estaban destinados a estar juntos (¡junto con los arándanos y las semillas de granada!).

SALSA

2 cucharadas de zumo de piña

2 cucharadas de leche de coco entera

Una pizca de canela

½ cucharadita de extracto de vainilla

FRUIT

1 plátano grande, en rodajas

4 fresas, cortadas en rodajas

¼ de taza de piña picada

¼ de taza de arándanos

¼ de taza de semillas de granada

1 aguacate, cortado en trozos del tamaño de un bocado

- En un bol pequeño, bata los ingredientes de la salsa.
- Coloque la fruta en un bol mediano y mézclela con la salsa. Sírvala fría. Se conserva hasta 1 día si se guarda en un recipiente hermético.

"LAYER CAKES" DE PIÑA

RENDIMIENTO: 2 PASTELES DE TAMAÑO PERSONAL

Estas pequeñas pilas son un giro divertido en la versión convencional del postre. Manipule los anillos de piña con cuidado, si usa una lata, o córtelos un poco en el lado grueso si usa una fresca. ¿Busca algo crujiente? Pruebe a añadir una fina capa de nueces o pacanas trituradas sobre la crema de anacardos. Puedes encontrar pasta de vainilla en tiendas especializadas como Williams Sonoma, o simplemente sustituirla por la misma cantidad de extracto de vainilla.

8 anillos de piña

½ taza de crema dulce de anacardos

½ cucharadita de pasta de vainilla

2 cucharadas de compota de cereza y vainilla

- Escurrir los anillos de piña colocándolos en una sola capa sobre una toalla de papel. Dejar reposar durante 10 minutos, o hasta que los anillos estén relativamente secos. En un bol pequeño, mezcle la crema de anacardos con la pasta de vainilla.
- En el plato que desee servir, cree una pila alternada de piña, crema de anacardos, piña, etc., terminando con una porción de la compota de vainilla y cereza.

NACHOS DE MANZANA

RENDIMIENTO: 4 RACIONES

Estos son perfectos para crear otras variaciones!

3 manzanas crujientes y ligeramente ácidas, como Honeycrisp o Granny Smith

1 cucharadita de zumo de limón

3 cucharadas de mantequilla de cacahuete cremosa

¼ de taza de jarabe de dátiles

¼ de taza de almendras laminadas

¼ de taza de nueces, cortadas en trozos grandes

¼ de taza de coco en copos o rallado sin azúcar

¼ de taza de nibs de cacao

- Retire el corazón de cada manzana y córtelas en rodajas muy finas (de aproximadamente ⅛ pulgadas de grosor), utilizando un cuchillo afilado. Colocarlas en un plato de manera que cada manzana tenga una buena superficie expuesta. Rocíe ligeramente con el zumo de limón.
- Derretir la mantequilla de cacahuete en un cazo pequeño junto con el sirope de dátiles hasta que esté muy líquida y rociarla sobre las rodajas de manzana. Cubrir las manzanas y la mantequilla de cacahuete con las almendras y las nueces, y luego rociar con el sirope de dátiles derretido. Por último, cubrir con coco en copos sin azúcar y nibs de cacao. Disfrútalos con las manos, como si fueran nachos de verdad. Sírvelos inmediatamente.

NOTA DE ALERGIA

Para hacerlo sin frutos secos, sustituya las almendras por semillas de girasol tostadas.

CUERO DE FRUTA DE FRESA Y PLÁTANO

RENDIMIENTO: 6 RACIONES

Mis hijos se vuelven locos por estos saludables bocadillos. Recomiendo utilizar un deshidratador para obtener los mejores resultados, pero también puedes hornearlos a 200 °F, extendidos sobre un tapete de silicona, durante varias horas hasta que se sequen.

2 plátanos medianos muy maduros (se desean algunas manchas marrones)

2 tazas colmadas de fresas pequeñas frescas, con sus hojas

- Mezcle la fruta hasta que esté suave en una licuadora de alta velocidad o en un procesador de alimentos, raspando los lados cuando sea necesario. La consistencia debe parecerse a la de un batido de frutas. Extienda en una alfombra de cuero de fruta adaptada a su deshidratador. Extienda de forma fina y uniforme y, a continuación, golpee la bandeja sobre una superficie plana unas cuantas veces para eliminar las burbujas de aire.

- Ajuste su deshidratador a 135°F y déjelo rodar hasta que la fruta ya no esté pegajosa, durante unas 4 o 5 horas. Si utiliza un horno convencional, simplemente extienda una capa fina sobre un tapete de silicona y ponga el horno a la temperatura más baja con la puerta ligeramente entreabierta. Hornee de 3 a 4 horas, hasta que deje de estar pegajosa.

- Despegar la fruta de la bandeja y colocarla en una tabla de cortar. Con un cortador de pizza, cortar en secciones grandes y enrollar inmediatamente sobre papel encerado, de modo que la fruta quede completamente cubierta. Disfrutar inmediatamente o guardar hasta 1 mes en un recipiente hermético.

BATIDOS Y OTRAS BEBIDAS

BATIDO DE PASTEL DE ZANAHORIA

RENDIMIENTO: 2 RACIONES

Date un capricho a la hora del desayuno con esta deliciosa bebida. Cuenta con la adición de melaza negra, que está llena de cosas buenas como cobre, hierro, calcio y potasio.

1 zanahoria grande, sin los tallos ni la parte superior

1 plátano grande, pelado y congelado

3 fechas

½ taza de leche de almendras sin azúcar

¾ de taza de agua fría

½ cucharadita de canela

Una pizca de nuez moscada

Una pizca de clavo de olor

1 cucharadita de melaza negra

Poner los cuatro primeros ingredientes en una batidora y procesar hasta que el plátano esté prácticamente mezclado. Añada el agua, las especias y la melaza y bata hasta que esté cremoso. Diluir al gusto con más agua fría, si se desea. Servir inmediatamente.

PIÑA COLADA

RENDIMIENTO: 2 RACIONES

Su sabor es tan auténtico que puede que te sientas un poco mareado mientras lo bebes, pero ten por seguro que esta bebida es muy buena para ti. Incluso puede evitar los resfriados gracias a la piña, que es muy rica en vitamina C.

1 plátano grande pelado y congelado

⅛ taza de crema de coco (de la lata de leche de coco)

4 anillos de piña (o aproximadamente ½ taza de piña enlatada)

¾ de taza de zumo de piña

1 cucharadita de extracto de ron

- Mezcle todos los ingredientes hasta que estén muy suaves en una batidora de alta velocidad. Servir inmediatamente.

FELIZ Y SALUDABLE CACAO CALIENTE

RENDIMIENTO: 2 RACIONES

Este cacao caliente te hará sentir feliz y saludable después de beberlo, ya que está endulzado con azúcar de dátiles y stevia, en lugar de la habitual mezcla de azúcares refinados. A mí me gusta más hacerlo con leche de almendras sin azúcar.

3 cucharadas de cacao en polvo

¼ de taza de azúcar de dátiles

¼ de cucharadita de stevia líquida pura

1 cucharadita de extracto de vainilla o de almendra

1 taza de leche no láctea sin azúcar, más para diluir

• En una batidora, combina el cacao en polvo, el azúcar de dátiles, la stevia, el extracto de vainilla y ½ taza de leche de almendras. Bate a alta velocidad hasta que quede muy suave, añadiendo la ½ taza de leche de almendras adicional a medida que se vaya mezclando. Deberá tener un jarabe de chocolate muy espeso y cremoso.

• Diluir con un poco más de leche no láctea hasta obtener la consistencia deseada y calentar a fuego medio, hasta que esté caliente, removiendo constantemente. Para que sea una delicia extra especial, cubra con crema de coco batida y azucarada, versión con stevia. Servir inmediatamente.

BATIDO DE TARTA DE MANZANA

RENDIMIENTO: 1 PORCIÓN

Más fácil que una tarta de manzana, ¡y además es bueno para ti! Este "batido" es un desayuno perfecto o una merienda.

1½ plátanos, picados y congelados

⅔ taza de sidra de manzana (sin azúcar añadido)

⅓ taza de nueces

½ cucharadita de canela

Una pizca de nuez moscada

- Combine todos los ingredientes en una batidora y mézclelos hasta que estén muy suaves. Diluir con un poco más de sidra de manzana o leche no láctea si se desea.
- Servir inmediatamente.

BATIDO DE ARÁNDANOS

RENDIMIENTO: 1 PORCIÓN

Los arándanos están llenos de antioxidantes y dan un bonito tono azul a este batido. Y no es el único ingrediente saludable: está endulzado con plátanos.

½ taza de arándanos frescos o congelados

1½ plátanos pelados y congelados

1 cucharadita de extracto de vainilla

1 taza de leche no láctea (la de almendras es la mejor)

- Coloque todos los ingredientes en una licuadora y bátalos hasta que estén completamente suaves. Servir inmediatamente con una pajita gruesa.

CONVERSIONES MÉTRICAS

Las recetas de este libro no han sido probadas con medidas métricas, por lo que pueden producirse algunas variaciones.

Recuerde que el peso de los ingredientes secos varía en función del volumen o factor de densidad: 1 taza de harina pesa mucho menos que 1 taza de azúcar, y 1 cucharada no contiene necesariamente 3 cucharaditas.

Fórmula general de conversión métrica

Onzas a gramosmultiplicar onzas por 28,35

Gramos a onzasmultiplicar onzas por 0,035

Libras a gramosmultiplicar libras por 453,5

Libras a kilogramosMultiplique las libras por 0,45

Tazas a litrosmultiplicar tazas por 0,24

De Fahrenheit a Celsiusresta 32 a la temperatura Fahrenheit, multiplica por 5, divide por 9 De Celsius a Fahrenheitmultiplica la temperatura Celsius por 9, divide por 5, añade 32

Medidas de volumen (líquido)

1 cucharadita = ⅙ onza líquida = 5 mililitros

1 cucharada = ½ onza líquida = 15 mililitros 2 cucharadas = 1 onza líquida = 30 mililitros

¼ taza = 2 onzas líquidas = 60 mililitros

⅓ taza = 2⅔ onzas líquidas = 79 mililitros

½ taza = 4 onzas líquidas = 118 mililitros

1 taza o ½ pinta = 8 onzas líquidas = 250 mililitros

2 tazas o 1 pinta = 16 onzas líquidas = 500 mililitros

4 tazas o 1 cuarto de galón = 32 onzas líquidas = 1.000 mililitros

1 galón = 4 litros

Equivalentes de temperatura del horno, Fahrenheit (F) y Celsius (C)

100°F = 38°C

200°F = 95°C

250°F = 120°C

300°F = 150°C

350°F = 180°C

400°F = 205°C

450°F = 230°C

Mediciones de volumen (en seco)

¼ de cucharadita = 1 mililitro

½ cucharadita = 2 mililitros

¾ cucharadita = 4 mililitros 1 cucharadita = 5 mililitros

1 cucharada sopera = 15 mililitros

¼ de taza = 59 mililitros

⅓ taza = 79 mililitros

½ taza = 118 mililitros

⅔ taza = 158 mililitros

¾ de taza = 177 mililitros 1 taza = 225 mililitros

4 tazas o 1 cuarto de galón = 1 litro

½ galón = 2 litros 1 galón = 4 litros

Medidas lineales

½ pulgada = 1½ cm

1 pulgada = 2½ cm

15 cm.

8 pulgadas = 20 cm

10 pulgadas = 25 cm

12 pulgadas = 30 cm

20 pulgadas = 50 cm

CPSIA information can be obtained
at www.ICGtesting.com
Printed in the USA
LVHW060720080321
680820LV00031B/789

9 781801 725569